Alexander Van der Bellen — DIE KUNST DER FREIHEIT

Alexander Van der Bellen

DIE KUNST DER FREIHEIT

In Zeiten zunehmender Unfreiheit

Mitarbeit: Bernhard Ecker

INHALT

EDITORISCHE NOTIZ

Die Gespräche, die diesem Buch zugrunde liegen, fanden im *Café Ritter* an der Mariahilfer Straße in Wien statt. Es saßen einander gegenüber ein Professor der Ökonomie, Politiker, Raucher und Hundeliebhaber auf der einen Seite; ein ausgebildeter Geisteswissenschaftler, Journalist, Ex-Raucher und Katzenfreund auf der anderen Seite. Aus den knapp 100 Stunden Kaffeehausgesprächen wurde schließlich der vorliegende Text destilliert.

Aktuelle, gemeinsame Lektüre war ein wichtiger Impulsgeber, vom Big Data–Sachbuch bis hin zu den neuesten Phantasien des Franzosen Michel Houellebecq. Eine Ausstellung über „Vertriebene Intelligenz" an der Universität Wien kam wie gelegen, um über Hochschulen und ihre freiheitsfördernde wie auch freiheitsfeindliche Rolle in der österreichischen Geschichte zu reflektieren. Und wenn es schon einen großen amerikanischen Roman mit dem Titel *Freiheit* gibt – warum ihn nicht noch einmal lesen?

Herausgekommen ist ein politisches Buch: anekdotisch, räsonierend, persönlich. Der Titel ist auch Programm: „Die Kunst der Freiheit".

Als der Brandstätter Verlag mir vorschlug, mit Hilfe von Bernhard Ecker etwas über „Freiheit" zu schreiben, biss ich nach kurzem Zögern an. Über *égalité* und *fraternité*, über (Un-)Gleichheit und Solidarität debattieren wir täglich; es sind zentrale Fragen der Politik. Die *liberté* ist jedoch ebenso zentral, sie verdient wieder mehr Raum. Die Grenzen zwischen Schützen und Bevormunden sind fließend und stets umstritten. Im politischen Alltag berufen sich Mehrheiten wie Minderheiten auf ihre demokratischen Rechte. Aber wo endet das Recht der Mehrheit? Das ist eine der Fragen, die wir hier wälzen, neben Ausflügen in die österreichische Geschichte und Bemerkungen zu persönlichen Erfahrungen in der Politik. Denn die Politik setzt den Rahmen für die Freiheit, ihr sind die beiden mittleren Teile gewidmet. Im ersten und im vierten Teil des Buches geht es hingegen mehr darum, wo ich persönlich zu Themen stehe, die ich als freiheitsrelevant erachte.

Mehrere *caveats* sind angebracht. Ich bin kein Philosoph und werde nicht so tun, als wäre ich einer. Erwarten Sie daher keine Abhandlung über den Freiheitsbegriff von den Alten Griechen aufwärts. Der Text ist auch nicht das Programm eines allfälligen Kandidaten für das Amt des Bundespräsidenten; vielmehr geht es um Fragen, mit denen jede Bürgerin, jeder Bürger hin und wieder konfrontiert ist. Und nach dem vorigen Satz werde ich mit dem Gendern großzügig umgehen und mal die weibliche, mal die männliche Form verwenden; man möge das jeweils andere Geschlecht mitdenken.

Vergnügliche, nicht zu anstrengende Lesestunden wünscht Ihnen

Alexander Van der Bellen
Wien, im August 2015

I. EIGENHEITEN

1 Irritationen

Auf meinem iPad lese ich einen interessant argumentierten Kommentar zu einer innenpolitischen Frage. In den Online-Kommentaren darunter finden jedoch wahre Schimpftiraden statt, von „Sesselklebern", „Machtmenschen" und „Nieten" ist die Rede, von „Versorgungsposten" und „Geldgier". Dabei ist hier nur das zu lesen, was davor von den Verwaltern der Internetforen noch nicht aussortiert worden ist. Wie viele Kommentare vorsorglich gelöscht worden sind und in welcher Tonlage sie verfasst gewesen sein müssen, darüber kann ich nur spekulieren.

Das Internet, ein Janusgesicht: Wunderbar, dass ich Texte, die ich im Café schreibe, sofort weiterschicken kann, mir steht ein ganzes Lexikon auf Knopfdruck zur Verfügung, und es wird noch dazu täglich, ja stündlich aktualisiert. Und auch wenn ich noch nie beim Internethändler Amazon eingekauft habe, stelle ich mir vor, dass die Bequemlichkeit und Schnelligkeit etwas Anziehendes hat. Aber der Umgangston ist in der Sphäre des Digitalen eindeutig rauer, menschenverachtender geworden. Was früher aus gutem Grund zurückgehalten oder höchstens im kleinen Kreis geäußert wurde, ist im globalen Ausstellungsgelände des Internets nun für jeden ungefiltert lesbar geworden. Es regiert die Häme. Unbeschwertheit und Ironie scheinen in dieser Welt nie angekommen zu sein. Das Internet hat nicht nur grenzenlosen Informationsaustausch gebracht, sondern auch die Freiheit, Bösartigkeit grenzenlos auszuleben.

Ich lese dann in der Zeitung, dass die deutschen Familien Quandt und Klatten, die zahlreiche Anteile an großen

Industrieunternehmen besitzen, 815 Millionen Euro Dividende allein aus ihrem Anteil am Automobilbauer BMW erhalten – für ein einziges Geschäftsjahr, wohlgemerkt. Das ist, von welcher Seite man es auch immer betrachtet, eine obszön hohe Summe. Liege ich am Ende mit meiner optimistischen Annahme falsch, dass der Kapitalismus quasi automatisch die großen Privatvermögen innerhalb weniger Generationen umwälzt, diffundiert, von ihren Erwirtschaftern löst? Kann die Lücke zwischen jemandem, der mit Null oder weniger als Null startet, und jemandem, der mehrere hundert Millionen Euro leistungsloses Einkommen in einem einzigen Jahr bekommt, je geschlossen werden?

Darüber, so notiere ich mir, muss ich noch etwas gründlicher nachdenken.

Der Kellner, der mir meinen Espresso an den Tisch bringt, beklagt das eben im österreichischen Nationalrat beschlossene Rauchverbot. Ich erzähle ihm nichts von den politischen Ideen, in der EU nun auch Warnhinweise auf alkoholischen Getränken zu verordnen, obwohl ich versuche mir auszumalen, wie das in der Praxis aussehen könnte. Ein Aufkleber mit dem Text „Trinken kann Ihre Leber schädigen" auf jeder Bierflasche, die man beim Greissler oder im Supermarkt kauft? Eine verpflichtende mündliche Belehrung durch den Kellner, der mir ein Glas Wein serviert? Und, wenn dies nicht zum gewünschten Erfolg führen sollte: allgegenwärtige Bilder von durch exzessiven Alkoholkonsum geschädigten Organen, Aufnahmen, die mir beim Einkauf und im Stammlokal die Anti-Alkohol-Botschaft mit dem Holzhammer einhämmern sollen?

Es gibt Momente, in denen mich der Gedanke beschleicht, dass puritanischer Eifer die Triebfeder der Gesundheitspolitik geworden ist und dass die Mündigkeit des Bürgers vom Zentrum an den Rand der politischen Programme gerückt ist.

Ich blättere zu den Außenpolitik-Seiten weiter, in der Hoffnung, etwas Anregendes und Vorwärtsweisendes zu erspähen. Doch ich werde stutzig, als ich die Leitartikel zum Ukraine-Konflikt in mehreren Zeitungen, österreichischen und internationalen, verfolge. Kaum wo wird da die Position vertreten, dass die Annexion der Krim im März 2014 auch eine Vorgeschichte hatte, nämlich verantwortungsloses Gerede von einem NATO-Beitritt der Ukraine, womit Russland vom Schwarzen Meer praktisch abgeschnitten gewesen wäre. Glaubte wirklich jemand, Wladimir Putin würde dem tatenlos zusehen? Wer Kritik an der ukrainischen Regierung übt, wird sofort als „Putin-Versteher" abgestempelt. Gerät auch die Unabhängigkeit der Meinungsbildner ins Wanken? Ist aus der Pressefreiheit, die sich durch eine Vielfalt der Meinungen auszeichnen sollte, eine freiwillige Gleichschaltung der Medien geworden?

Doch während ich eine neue Stelle in meinem elektronischen Notizblock markiere, frage ich mich plötzlich: Und was ist, wenn das gerade jemand mitliest? Wenn meine kritischen Kommentare über die europäische oder US-Außenpolitik längst von meiner Festplatte und aus meiner Mailbox gesaugt worden sind? Schon als Jugendlicher war mir die Vorstellung eines allwissenden Gottes höchst unangenehm. Sollte Google jetzt diese Rolle von Gott eingenommen haben?

Freiheit ist häufig eine Fiktion, eine theoretische Option, die in der Praxis nicht leicht wahrzunehmen ist. Slavoj Žižek, der slowenische Philosoph, illustrierte die pseudolibertäre Demokratie bei einem Vortrag in Wien sarkastisch mit einem Beispiel aus dem Familienalltag: Früher, als die Gesellschaft noch autoritärer strukturiert war, sagte der Vater zum murrenden Kind, als am Sonntagnachmittag der ungeliebte Besuch bei der Großmutter am Programm stand: „Sei still, wir fahren!" Heute darf das Kind erst einmal seine Wünsche vorbringen:

Es würde natürlich lieber Computer oder Fußball spielen oder in den Park gehen. Die Eltern sagen: „Wir verstehen dich, und es ist natürlich deine freie Entscheidung, ob du da bleibst oder nicht. Aber du musst bedenken, dass sich die Oma auf unseren Besuch so freut, besonders auf *deinen* Besuch." Was macht das Kind? Es steigt natürlich ins Auto ein. Das ist subtiler als zuvor, aber man könnte es weiterhin als Autoritätsausübung verstehen – im Gewand der Freiheit. (Um Missverständnisse zu vermeiden: Ich glaube, dass Kinder Grenzen brauchen. Insofern trägt Žižeks Beispiel nicht sehr weit.) Die Kurzformel dieses Pseudoliberalismus lautet: „Du hast jede Freiheit, die du willst – vorausgesetzt du nutzt sie nicht!"

Diese diffusen Beobachtungen und Tagesmeldungen verdichten sich schließlich zu der Frage: Wird unsere Freiheit, die ich politisch, aber auch persönlich als einen zentralen Wert unserer westlichen Gesellschaft erachte, schleichend ausgehöhlt? Gründet die Hoffnung auf eine Welt, in der sich die Freiheiten ihrer Bewohner ebenso ständig ausdehnen wie das Universum, auf einer Fehlannahme? Und: Was ist unter dem Begriff Freiheit überhaupt zu verstehen?

2   Die Freiheit, die aus den Büchern kam

Es gibt diese umgangssprachliche Phrase „Ich nehme mir die Freiheit heraus". Doch woraus soll ich die Freiheit nehmen? Gibt es einen Krug, aus dem man sie schöpfen kann? Und wer füllt diesen Krug?

Oder wie man früher sagte: „Ich bin so frei." Vielleicht geht dieser Spruch auf die *Abenteuer eines Junggesellen* von Wilhelm Busch zurück, wo sich jemand ohne Aufforderung die Wasserflasche des Protagonisten mit den Worten greift: „Mir ist alles einerlei / Mit Verlaub, ich bin so frei."

Beide Wendungen stammen aus einer Zeit, in der Konventionen im gesellschaftlichen Leben viel wichtiger waren als heute. Jedem war seine Rolle zugeteilt, die wiederum mit der Erwartung an ein bestimmtes Verhalten verknüpft war. Sich „die Freiheit herauszunehmen" oder „so frei" zu sein, bedeutete kurz aus dieser Rolle zu fallen. An der Gesellschaftsordnung hat das nichts verändert.

Heute denken wir automatisch an die Französische Revolution, wenn wir von Freiheit im Sinne von „Freiheit für alle" sprechen. 1789 wurden jene attackiert, die es geschafft hatten Sonderrechte und Macht anzuhäufen: der König, der Adel, und die Kleriker. Nicht wenige von ihnen endeten auf dem Schafott. Doch die Vorgeschichte begann wesentlich früher. Mit der Gleichheit vor dem Gesetz nahmen die Alten Römer die *égalité* vorweg. Die weltlichen Herrscher Europas bekamen im Lauf der folgenden Jahrhunderte mit der Kirche einen gewichtigen Gegenspieler; aus einem Machtmonopol wurde ein -duopol. Dass die römisch-katholische Kirche später ihrerseits durch Martin Luther herausgefordert wurde, war der Freiheit ebenso dienlich. Mit dem frühen Kapitalismus wiederum entstanden neue Eliten, die sich wirtschaftlich unabhängig machten und Rechte einforderten.[1]

Die *liberté* der Französischen Revolution, so faszinierend sie auch ist, sehe ich nicht ohne Vorbehalte. An ihr klebt viel Blut, sie kippte nach wenigen Jahren in den Großen Terror.[2] Nach diesem Muster laufen viele, wenn nicht die meisten Revolutionen ab, auch wenn sie – zunächst – die Fahne der Freiheit vor sich hertragen.[3] Dass es auch anders geht, zeigt die Entwicklung Polens in den zwanzig Jahren *vor* 1989.[4]

Mein Freiheitsbegriff ist angelsächsisch geprägt. Zentral sind das Recht und die Freiheit des Individuums, seine Persönlichkeit zu entfalten und sein Leben selbstbestimmt, frei von gesellschaftlichen Zwängen, zu führen. John Stuart Mill, der englische Philosoph, hat in seinem 1859 publizierten Essay *On Liberty / Über die Freiheit* Wesentliches dazu gesagt. Meinungsfreiheit, Versammlungsfreiheit, Reisefreiheit sind Säulen dieser Freiheit, auch die Privatsphäre ist unantastbar. Mill hat festgehalten, dass Exzentrizität und Originalität nur in einer freien Atmosphäre möglich sind, und dass solche Eigenschaften unabdingbar für eine liberale Gesellschaft sind.[5]

Eine Ahnung davon, wie Freiheit riecht, habe ich erstmals beim Lesen von Literatur bekommen, und da waren es fast ausschließlich englische und amerikanische Autoren, jedenfalls in den prägenden Jahren im Alter zwischen 15 und 35. Friedrich Nietzsches *Also sprach Zarathustra* war die deutsche Ausnahme, weiß der Kuckuck, wieso er mir mit 16 in die Finger kam. Ein Buch wie eine Explosion, unverständlich und erschreckend, aber großartig; eine wahre Bombe für meine jugendlichen Vorstellungen über Welt und Ethik, und daher befreiend – man kann alles, wirklich alles auch anders denken, ganz anders: Das war die Lektion.

Das Unbekannte, das Andere jenseits von Inn und Nordkette, jenseits von Gamsbärten und Kuhglocken – so sehr ich Letztere mochte –, jenseits der heilen Innsbrucker Welt, vielleicht war es auch das, was mich zu den amerikanischen Autoren hinzog. Unvergessen sind die Kriminalromane von Raymond Chandler, Mickey Spillane, Richard Stark, und vor allem von Dashiell Hammett und Patricia Highsmith. Die „Helden" dieser Romane, die für mich keineswegs zur Trivialliteratur zählen, sind markante, abgebrühte, ausgeprägte Individuen; es sind Einzelgänger mit höchst unterschiedlichen Einstellungen.

Chandlers Philip Marlowe ist ein im Grunde hochmoralischer Privatdetektiv in einer durch und durch korrupten Umwelt. Hammetts Sam Spade (aus *The Maltese Falcon*) ist unsentimental, raffiniert und gerissen, glänzend verkörpert von Humphrey Bogart in der Verfilmung von John Huston. Ned Beaumont (aus Hammett's *The Glass Key*) ist selbst ein Gangster, aber mit einem ausgeprägten Ehrenkodex. Spillanes Detektiv Mike Hammer fühlt sich als mieser Macho wohl. Schon gar nicht an gängige Normvorstellungen hält sich Richard Starks Parker (Vornamen hat er keinen), er ist Berufsverbrecher, raubt so viel er zum Leben braucht und kommt immer davon, allerdings nicht immer samt der Beute. Ähnlich geht es Alan Grofield in einer anderen Serie von Richard Stark. Und Tom Ripley schließlich, zu dem sich Patricia Highsmith fünf Bände einfallen ließ, ist ein amoralischer Betrüger und Mörder, aber wir kommen nicht umhin, Sympathie für ihn zu entwickeln. Sehenswert ist Wim Wenders Verfilmung von *Ripley's Game*, dem dritten Band der Ripley-Serie, mit Bruno Ganz und Dennis Hopper, auch wenn sie von der Romanvorlage deutlich abweicht.

Selbstverständlich sind das keine „Vorbilder" im landläufigen Sinn. Wir reden von Literatur, nicht von Betragensnoten in der Schule.

In meiner Auseinandersetzung mit dem Freiheitsbegriff war neben Nietzsche, aber auf ganz andere Weise, ein Philosoph besonders wichtig: Isaiah Berlin. Grundlage seines Buchs *Freedom and its Betrayal*[6] sind faszinierende Radiosendungen der britischen BBC Anfang der 1950er Jahre, in denen Berlin, Sohn einer jüdischen Holzhändlerfamilie aus Riga, sechs führende europäische Denker demaskierte, deren Denkansätze er für die Sache der Freiheit als extrem gefährlich einstufte: von Helvétius bis Hegel.[7]

Berlin war seinerseits geprägt von den Erfahrungen der russischen Februar- und Oktoberrevolution 1917. Laut seiner Analyse führte das Denken insbesondere der deutschen Philosophen wie Fichte und Hegel direkt zu den totalitären

Regimes des 20. Jahrhunderts. Fichte vertrat etwa die Auffassung, dass sich das Selbst erst in der Gruppe entfalte, womit „Rasse" und „Nation" plötzlich als „größeres Selbst" salonfähig wurden. Für Hegel war die Einsicht in die Notwendigkeit der Gesetze die Voraussetzung für Freiheit – Autorität, Macht, der Staat schienen ihm die höchsten rationalen Instanzen. Das war die Quelle, so Isaiah Berlin, für die Theoretiker des Faschismus ebenso wie für jene des Stalinismus.[8]

Der Freiheitsbegriff, den die FPÖ in Österreich vertritt, ist ein deutschnationaler und geht zurück ins frühe 19. Jahrhundert. Dieser meinte in und nach den Napoleonischen Kriegen Freiheit von der Fremdherrschaft.[9] Bei der FPÖ schwingt das heute noch immer stark mit, nicht zuletzt weil die nach dem Zweiten Weltkrieg gebildete Vorläuferorganisation VdU (Verband der Unabhängigen) ein Auffangbecken für Deutschnationale und Altnazis war.

Als abstraktes Konzept hat Freiheit trotz meiner Familiengeschichte in meiner Jugend jedoch keine größere Rolle gespielt als im Leben meiner Alterskollegen.

Verwandte meines Vaters hatten ab 1917 in der Weißen Armee gegen die Bolschewiken gekämpft, die Familie war aus Russland ins nun unabhängige Estland geflohen. 1939/40, nach dem Hitler-Stalin-Pakt, besetzte die Sowjetunion Estland. Nach einigen nächtlichen Vorsprachen des sowjetischen NKWD, dem Vorläufer des KGB, ließ sich die Familie ins „Deutsche Reich" aussiedeln. Zuvor war den deutschen Behörden ausreichende „Deutschstämmigkeit" glaubhaft zu machen. Den Stammbaum der Familie väterlicherseits (etwa ab 1720), den einer meiner Onkel dafür konstruierte, besitze ich noch.

Die Flucht führte sie zunächst in ein Lager nahe Würzburg, später nach Wien; dorthin hatte mein Vater Geschäftsbeziehungen noch aus der estnischen Zeit. Mit dem

Vorrücken der Roten Armee Richtung Westen hieß es erneut fliehen, diesmal bis ins Tiroler Kaunertal, wo wir im Winter 1944/45 in ein Zollhaus einquartiert wurden. Ich habe mich, obwohl Immigrantenkind, evangelisch und bis 1959 estnischer Staatsbürger, dort nie diskriminiert gefühlt. (Kurios: Die estnischen Exilpässe galten überall, nur nicht in Estland als sowjetischer Teilrepublik). Noch heute habe ich eine Zwei-Zimmer-Wohnung bei einem Bauern im 1500 Meter hoch gelegenen Dorf Kaunerberg. Ich fühle mich wohl dort. Das ist ein Stück Heimat.

In der Oberstufe des Innsbrucker Gymnasiums – Andreas Khol hat dort drei Jahre vor mir maturiert – war ich einige Jahre Klassensprecher; also auch hier keine Diskriminierung des Immigrantenkindes. Es gab zwar einige Lehrer, die mich nicht sehr mochten; wenn ich zwischen einem Einser und einem Zweier stand, bekam ich bei diesen Pädagogen eben einen Zweier. Das hatte keine politischen oder ethnischen Gründe, sondern beruhte auf einem Ressentiment aufmüpfigen Schülern gegenüber. Der damalige Direktor war ein autoritätsfixierter Kleinbürger. Wir konnten einander nicht ausstehen.

3   Erweckungserlebnisse

Man sagt von Agnostikern, dass ihnen die Gnade des Glaubens abhanden gekommen ist. Diese Gnade habe ich als Kind wohl kurz erfahren, aber sie war zugleich eine Belastung. Denn der Gott, der alles über dich weiß, engt deine Freiheit ein; so oder so ähnlich dachte ich als Halbwüchsiger.

Meine Eltern waren beide evangelisch. Wir sind höchstens zu Weihnachten in die Kirche gegangen, und das auch nur, wenn wir am 24. Dezember in Innsbruck und nicht im

Kaunertal waren. Evangelische Rituale sind vergleichsweise nüchtern, katholische wie das Fronleichnamsfest mit Baldachin, Monstranz und prunkvollen Messgewändern haben mich stets fasziniert. Und als junger naiver Mensch hatte ich den Eindruck, dass Katholiken ein leichteres Leben haben. Während die Evangelischen alles mit sich und ihrem Gott ausmachen müssen, beichten Katholiken ihre Sünden – und es wird ihnen vergeben. Das schien mir lebensfreundlicher. Echter Glaube ist tatsächlich eine Gnade, zumindest in Extremsituationen. Jemand wie beispielsweise Franz Jägerstätter, ein tiefgläubiger katholischer Österreicher, weiß im Angesicht seiner Hinrichtung durch die NS-Henker, dass er demnächst ins ewige Leben eingehen wird. Wir anderen können nicht wissen, was uns in solchen Augenblicken Sicherheit geben wird.

Den Grund für meinen Kirchenaustritt Anfang der siebziger Jahre erachte ich heute nicht als hinreichend – nämlich Ärger über meinen Innsbrucker Pfarrer. Zwischen der Institution und den Personen, die sie zu einem bestimmten Zeitpunkt vertreten, muss man doch unterscheiden. Wenn jemand mit absolutem Wahrheitsanspruch auftritt wie Bischof Kurt Krenn bis zu seinem Rücktritt 2004, muss er damit rechnen, dass er als moralische Instanz bekämpft wird. Hätte Krenn die Macht eines Inquisitors gehabt, wäre das Schlimmste zu befürchten gewesen. Aber nur weil ein Spätentwickler aus dem 16. Jahrhundert Bischof von Sankt Pölten ist, muss man nicht gleich mit der gesamten Institution brechen.

Im Wesentlichen hatte ich meine antiklerikale Phase mit 26 Jahren überwunden. Aus heutiger Sicht bereue ich einiges, etwa mein Verhalten während der privaten Einladung eines Innsbrucker Uni-Kollegen, von dem ich wusste, dass er überaus katholisch war. Bei diesem Abendessen bin ich über die päpstliche Autorität hergezogen. Ich weiß nicht mehr, welcher Teufel mich damals geritten hat, aber das war wirklich taktlos.

Im Laufe meines Lebens habe ich viele wohltuende Kontakte mit Menschen aus dem kirchlichen Bereich geknüpft. Insbesondere schätze ich die Arbeit der Evangelischen Diakonie, ebenso wie die der Caritas. Dann und wann trage ich mich sogar mit dem Gedanken, wieder meiner Kirche beizutreten. Ich zögere aber immer noch, weil es nicht aus religiösen Gründen geschehen würde.

Besonders positive Erfahrungen machte ich in vielen Jahrzehnten Zusammenarbeit mit der Katholischen Sozialakademie (KSÖ). Lange Zeit hatte ich jeweils eine Woche im Jahr als Referent mit rund 25 jungen Leuten verbracht, die aus religiöser Motivation heraus in den unterschiedlichsten Berufen tätig gewesen waren. Der Kurs beinhaltete Rhetorik, politische Bildung, Gruppendynamik, Ökonomie; es war immer sehr anregend. Für mich war es eine *hands-on*-Erfahrung, diese Leute kennenzulernen und zu respektieren. Unter anderem habe ich dort Kaspanaze Simma getroffen, lange bevor er mit seiner Alternativen Liste die ersten Wahlerfolge in Vorarlberg gefeiert hat.

Die KSÖ war mit dem Orden der Jesuiten eng verbunden. Diese Intellektuellen fand ich immer hochinteressant. Einige von ihnen habe ich auch an der Universität Innsbruck kennen und schätzen gelernt. In Innsbruck betrieben die Jesuiten auch ein freies, aufgeklärtes und aufgeschlossenes Jugendzentrum – und hatten deshalb regelmäßig Konflikte mit dem damaligen Bischof. Und nicht alle Jesuiten sind Asketen, wie die Figur des Naphta aus Thomas Manns *Zauberberg* nahelegen könnte, es gibt auch ausgesprochene Lebenskünstler unter ihnen.

4 Stadt- und Landluft

Dass Stadtluft frei macht, stimmt meiner Erfahrung nach so nicht – zumindest nicht im Tiroler Kontext. Meine Erfahrungen in Kaunertal waren durchwegs positive. Nach wie vor verbringe ich einige Wochen im Jahr mit meinen Hunden bei „meinem" Bauern am Kaunerberg. Insgesamt bin ich im Lauf meines Lebens aber doch eher ein Städter geworden, einer allerdings, der immer wieder und unbedingt aufs Land muss. Ich möchte mich nicht für eines der beiden entscheiden müssen.

Erst müssen wir uns jedoch einmal darauf einigen, was unter „Stadt" genau zu verstehen ist. Dörfer sind in der Regel sehr homogen, was die Lebensentwürfe und Werthaltungen ihrer Bewohner betrifft. Der ritualisierte Jahreskreislauf mit den immergleichen Festen und Veranstaltungen sorgt für einen stabilen Rahmen; die Unterschiede zum Nachbardorf sind für Außenstehende nur unter der Lupe erkennbar (für die Dörfler dagegen oft identitätsstiftend).

Städte zeichnen sich hingegen durch Heterogenität aus.[10] Und durch die permanent sichtbare Diversität ist der Druck größer, sich aktiver mit dem bzw. den „Anderen" auseinanderzusetzen. Es gibt diese wunderbare Stelle in Robert Musils vor fast hundert Jahren begonnenem Roman *Der Mann ohne Eigenschaften*, in der die Hauptfigur Ulrich bei einem Ausflug aufs Land das Konkrete des Dorflebens dem Abstrakten des Stadtlebens gegenüberstellt: „Ein alter Mann verliert seinen letzten Zahn: und dieses kleine Ereignis bedeutet einen Einschnitt im Leben aller seiner Nachbarn, woran sie ihre Erinnerungen knüpfen können! Und so singen die Vögel alle Abende um das Dorf und immer in der gleichen Weise, wenn hinter der sinkenden Sonne die Stille kommt, aber es ist jedesmal ein neues Ereignis, als wäre die Welt noch keine sieben Tage alt!

Am Land kommen die Götter noch zu den Menschen, […] man ist jemand und erlebt etwas, aber in der Stadt, wo es tausendmal so viel Erlebnisse gibt, ist man nicht mehr imstande, sie in Beziehung zu sich zu bringen: und so beginnt ja wohl das berüchtigte Abstraktwerden des Lebens."[11]

Auf die Optionen, die einem die Stadt bietet, möchte ich nicht mehr verzichten, auch wenn ich diese Optionen viel zu selten nutze, etwa ins Akademietheater zu gehen oder eine Ausstellung im Museumsquartier zu besuchen. Es geht um die *Möglichkeit*: Wenn mir der Kollege aus dem Rathaus meinen *Economist* entwendet hat, kann ich ihn mir in Wien jederzeit rasch nachkaufen. Im Kaunertal kann ich das nicht. Ebenso wenig übrigens im australischen Perth – weshalb ich Perth, das schöne Strände am Meer hat und einwohnermäßig fast so groß wie Wien ist, für ein sehr provinzielles Städtchen halte.

Von der Stadt zur Metropole ist es dann noch einmal ein Sprung. Aber ist Wien auch eine Metropole? Knapp zwei Millionen Einwohner sind vielleicht dafür ausreichend. Entscheidend ist, dass die Zahl ausreichend differenzierter Gruppen in der Stadt groß genug ist. Denn dann kann sich auch die Nachfrage nach einem breit gefächerten Angebot entfalten. Vereinfacht gesagt: Es muss genügend Leute geben, die sich den *Economist* kaufen wollen, damit es ihn auch zu kaufen gibt.

Um 1900 war Wien als Hauptstadt der Donaumonarchie eine Metropole, in den Jahrzehnten darauf erlitt sie fortwährenden Bedeutungsverlust: Der natürliche Zustrom von Bewohnern der Kronländer riss 1918 schlagartig ab, und ab den 1930ern kam es zur massenweisen Emigration der durch den Faschismus „bedrohten Intelligenz"[12], vornehmlich in die USA. Erst in den letzten Jahren hat die Bundeshauptstadt wieder internationale Anziehungskraft gewonnen, abzulesen am hohen Anteil ausländischer Studierender und der wachsenden Vielsprachigkeit. Entscheidend dazu beigetragen hat die Ostöffnung ab 1989 und der Beitritt zur EU 1995. Die Voraussetzungen sind in Wien also gegeben, und das universitäre ebenso wie das kulturelle Leben bieten eine gute geistige Infrastruktur. Sagen wir deshalb vorsichtig so: Unter den Metropolen hat Wien die absolute Mindestgröße.

Neben Wien ist Berlin die einzige große Stadt, in der ich länger gelebt habe. In den siebziger Jahren war das sicher noch keine Metropole, eher eine liebenswerte, provinzielle Stadt. Heute ist die deutsche Hauptstadt einwohnermäßig fast doppelt so groß wie Wien und strahlt großstädtische Weltoffenheit aus. Berlin hat jedoch einen erheblich niedrigeren Ausländeranteil und weniger Studentinnen und Studenten – das sind für mich entscheidende Merkmale von Metropolen.

Dennoch hat auch das Land – ebenso wie die Großstadt – viele Optionen, auf die ich nicht verzichten möchte. Eine Frühlingswiese, bevor sie zum ersten Mal gemäht wird, ist ein Traum. Der optische Eindruck genügt mir schon, ich muss nicht einmal die Namen der einzelnen Blumen und Pflanzen kennen. Auch der überzeugte Städter liebt die Farben eines Laubwaldes im Spätherbst, den Geruch eines Fichtenwaldes in der Sommerhitze, ja den einzelnen wohlbekannten Baum; als im Lawinenwinter 1999 eine 500 Jahre alte Lärche vom Kaunerberg ins Tal gefegt wurde, war das für mich ein Schock.

Land ist für mich aber auch stark mit Tirol verknüpft. Der Luxus, mir neben Wien einen Wohnsitz mitten in der Natur zu leisten, ließe sich genauso gut im Waldviertel oder in der Obersteiermark realisieren, mit deutlich geringerem Zeitverlust fürs Hin- und Herfahren. Und ich war auch schon einmal knapp daran, das zu tun. Doch dann habe ich entdeckt, dass meine Freiheit diesbezüglich begrenzt ist: Die Verbindung von Sprache und Landschaft in Tirol ist für mich einzigartig und nicht einfach durch eine andere Kombination zu ersetzen. Im Kern geht es da wohl um den Dialekt meiner Kindheit sowie um ein ewig gleiches Bergpanorama, das Vertrautheit ausstrahlt.

Dabei war ich als Kind nie Teil der Dorfgemeinschaft. Im Wesentlichen war meine Lebenswelt auf den sogenannten Zollhof beschränkt, in dem keine Bauern gelebt haben. Es war eine Art Biotop im Biotop. Und auch heute wissen die Leute dort zwar, wer ich bin, aber ich kann sie selten bestimmten Familien oder Höfen zuordnen. Das ist, nebenbei, für mich ein Pluspunkt von Städten: Schon aufgrund der Menge von Menschen entsteht so etwas wie Anonymität, und damit fällt die Frage flach, die am Land auch heute noch wichtig ist: „Gehört der zu uns?"

Im Nachhinein erscheint es mir immerhin interessant, dass ich als „überangepasster Immigrant"[13] der zweiten Generation so stark für die „Tiroler Freiheitsfrage" sensibilisiert worden bin, die von Wienern eher belächelt wird. Die Situation in Südtirol war für uns junge Studenten ein großes Thema. Am Innufer, auf das ich von meinem Schreibtisch in der Universität Innsbruck blickte, prangte die Inschrift „Freiheit für Südtirol." Neben viel romantischem Getue ging es in den sechziger Jahren auch um fundamentale Menschenrechtsfragen, die erst später mit dem Autonomiestatut für Südtirol vorbildlich gelöst wurden.

Der Tiroler Volksaufstand von 1809 hatte aus heutiger Sicht auch reaktionäre und konterrevolutionäre Elemente.[14] Damals war er primär gegen die Fremdherrschaft der Bayern und Franzosen gerichtet. Noch 200 Jahre später, ich muss es gestehen, spüre ich eine gewisse Genugtuung darüber, dass die Bayern alleine nicht in der Lage waren den Aufstand niederzuschlagen, sondern französische Truppen zu Hilfe rufen mussten ... Als der Kaiser im Friedensvertrag mit Napoleon in Schönbrunn entgegen früherer Beteuerungen auf Tirol verzichtete – er konnte auch gar nicht anders –, war in Tirol die Enttäuschung über „Wien" tief. Dass in der fünften Strophe der Nordtiroler Landeshymne heute noch vom „guten Kaiser Franz" gesungen wird, führe ich darauf zurück, dass der Autor dieses Textes, Julius Mosen, ein Deutscher und kein Nord- oder Südtiroler war.

5 Loyalität oder die Kunst der Freiheit

In seinem großen Roman *Freiheit* beschreibt der US-amerikanische Autor Jonathan Franzen eine ganze Reihe von Loyalitätskonflikten, in die die Hauptfiguren verstrickt sind. Einmal ist es die engste Freundin, deren Freundschaft die Protagonistin nicht aufs Spiel setzen will, obwohl die Beziehung krankhaft asymmetrisch geworden ist, ein andermal ist es die Loslösung von der Herkunftsfamilie mit all ihren Werten, Witzen und Wettkämpfen, die Belastung und Befreiung zugleich ist. Zuletzt wird die Verbundenheit mit den Mitgliedern der eigenen Familie auf entscheidende Belastungsproben gestellt.

Die Online-Enzyklopädie Wikipedia definiert Loyalität in Abgrenzung zu Treue, Unterwerfung und Gehorsam als „von einem Vernunftinteresse geleitete innere Verbundenheit und deren Ausdruck im Verhalten gegenüber einer Person, Gruppe oder Gemeinschaft." Das hat was, es befreit den Begriff von seiner altmodischen Konnotation einer blinden, hierarchiegeleiteten Folgsamkeit. Über das „Vernunftinteresse" als konstitutives Merkmal von Loyalität wird man allerdings immer streiten können. Gibt es auch „unvernünftige" Loyalität, oder wird sie dann zur Unterwerfung?

Wer die Kunst der Freiheit ausüben will, wird jedenfalls nicht daran vorbeikommen, dass eine Gesellschaft nicht aus

voneinander isolierten Individuen besteht. Und Gruppenzu-
gehörigkeiten tendieren dazu, die individuelle Freiheit einzu-
schränken, ob freiwillig oder unfreiwillig. Das gilt auch und
vielleicht besonders für den privaten Bereich. Man erfindet
sich nun einmal mit der Geburt nicht neu, sondern wird in
einen Zusammenhang hineingeboren, in eine Familie, in eine
Verwandtschaft, in einen Clan. Gewiss findet eine 25-jährige
Mitteleuropäerin markant andere Ausgangsbedingungen vor
als eine gleichaltrige Jemenitin mit sechs Brüdern, die dafür
kämpfen, was sie für die Familienehre halten. Das ist keine
Frage. Aber mögen die Traditionen und Konventionen sich
auch drastisch voneinander unterscheiden – im jeweiligen
geographischen und historischen Kontext wirken sie. Zum
Teil schleppt man in diesem Rucksack Jahrhunderte mit.
Wenn man sich davon nicht relativ jung befreien kann (oder
will), wird man sie oft nicht mehr los.

Manche meinen, die sogenannte Selbstverwirklichung,
deren Vorbedingung individuelle Freiheit ist, sei in den letzten
Jahrzehnten zu weit gegangen. Da sei es nur zu begrüßen,
dass die heutige Jugend wieder stark auf Familie und Freunde
setze. Mir schaut das ein wenig nach Wunsch auf Biedermeier
aus, aber vielleicht sollte man die Entwicklung noch etwas
abwarten. Die Jugend zwischen 1945 und 1968 war hyperan-
gepasst, danach ist rasch etwas aufgebrochen. Veränderungen
können schnell gehen, daher traue ich den Jugendtrend-For-
schern nicht allzu sehr.

Bindung um der Bindung willen spielt heute keine so
große Rolle wie früher. Politische Parteien, Gewerkschaften
und Kirchen gehören zu den Leidtragenden dieser Entwicklung. Das behindert politische Stabilität, aber die ist ja kein
Selbstzweck. Der Ring Freiheitlicher Studierender (RFS)
erhielt noch in den späten sechziger Jahren bei Hochschüler-
schaftswahlen rund 30 Prozent der Stimmen, heute grundelt

er bei gerade mal drei Prozent; bei der Mutterpartei FPÖ scheint es nahezu umgekehrt zu sein. Tradiertes Wahlverhalten geht zurück, aus unterschiedlichen Motiven: Ich kenne eingefleischte SP- oder VP-Wählerinnen, die auf Grün umgesattelt haben, weil die Enkerl Grün wählen.

Ich selbst kreuzte bei meiner allerersten Wahl ÖVP an. Später war ich rund zehn Jahre lang Mitglied der SPÖ, bis diese mich ausschloss; ich hatte wohl längere Zeit die Beiträge nicht bezahlt. 1993 entschloss ich mich, bei den Grünen mitzutun, die es in den achtziger Jahren am besten geschafft hatten, neue Bedürfnisse und Themen in einer sich ändernden Gesellschaft anzusprechen. Der ehemalige deutsche Innenminister Otto Schily ist von den Grünen zur SPD gewechselt. Winston Churchill hat zweimal die Partei gewechselt. Ich kann darin nichts prinzipiell Ehrenrühriges erkennen.

Beamtenloyalität, also eine Verpflichtung gegenüber dem Dienstgeber Staat, ist eine Spur kniffliger. Mit Verwunderung habe ich registriert, dass ein leitender Beamter des Justizministeriums in der Causa der Kärntner Skandalbank Hypo-Alpe-Adria ein Gutachten im Auftrag der Bayrischen Landesbank (BayernLB) erstellt hat. Die BayernLB ist aber Prozessgegner der Republik Österreich. In meinen Augen sind Beamten- und Gutachterrollen in solchen Fällen nicht miteinander vereinbar. Auch dass ein General als Berufssoldat einen Konflikt mit dem Verteidigungsminister in aller Öffentlichkeit austrägt, mit Interviews und allem Drum und Dran – in jedem professionell geführten Unternehmen wäre das undenkbar.

Politische Loyalität ist noch schwerer durchzusetzen. Jeder Landespolitiker und jeder Hinterbänkler macht die Erfahrung, dass er durch Kritik an der Parteispitze Widerhall in den Medien findet; ob diese Kritik sachlich fundiert ist, spielt eine geringe Rolle. Umgekehrt erwartet man von der

Parteispitze, sich mit öffentlicher Kritik an der zweiten oder dritten Reihe zurückzuhalten; Alfred Gusenbauer hat das mehrfach erfahren. Insofern sind die Anreize für Loyalität asymmetrisch verteilt.

Öffentliche Auseinandersetzungen darüber, welche Richtung die Partei in einer bestimmten Frage einschlagen solle, wären zwar erwünscht, sie beleben das Geschäft. Aber die Grenze zur Illoyalität ist oft nicht leicht zu ziehen. Das Internet mit Twitter, Blogs und dergleichen bietet verlockende Möglichkeiten, rasch – zum Beispiel noch aus laufender Sitzung – Meinung hinauszuposaunen, ohne auf deren Transport durch Journalisten angewiesen zu sein und ohne das Ergebnis der internen Meinungsbildung abzuwarten. Auch dieses Verhalten wäre in Unternehmen undenkbar. Abgeordnete sind eben nicht Angestellte ihrer Fraktion, als solche wären sie der Klub- oder Parteichefin gegenüber weisungsgebunden, sondern sie berufen sich im Konfliktfall auf ihr „freies Mandat". Dieses wird von der jeweils zuständigen Parteiversammlung verliehen und am Wahltag von den Wählerinnen und Wählern bestätigt – oder eben nicht. Insofern ähneln Aufgabe und Position eines Abgeordneten eher der eines Kleinunternehmers als der eines Angestellten. Der primäre „Kunde", demgegenüber es sich empfiehlt Loyalität zu zeigen, ist die „Basis", ob das nun die Bezirksgruppe Simmering bei der SPÖ ist oder die Wiener Landesversammlung bei den Grünen; dort ist die erste Hürde für die politische Zukunft des Abgeordneten zu nehmen, die zweite folgt am Wahltag.

6 Krawatten und andere Konventionen

Ich würde mich selbst als höflich bezeichnen. Womöglich habe ich das von meinem Vater übernommen, der äußerst höflich, zuvorkommend und großzügig war, und zwar allen – besonders seinen Mitarbeitern und sogenannten einfachen Leuten – gegenüber.

Höflichkeit wird oft als eine Befolgung von gesellschaftlichen Konventionen und Normen definiert, aber das ist mir nicht differenziert genug. Während viele Konventionen die persönliche Freiheit unnötig einschränken und so wie Sprachfloskeln entrümpelt gehören, geht es bei Höflichkeit in der Kommunikation, dem viel zitierten guten Ton, im Kern um Respekt vor dem Anderen. Jemanden anzuflegeln und mit Schimpfwörtern zu überhäufen ist etwas anderes, als bei einem offiziellen Anlass mit offenem Hemdkragen zu erscheinen. Wohin eine Verrohung des Umgangstons und eine sprachliche Herabwürdigung des Gegenübers führen können, dazu gibt es in der Geschichte genügend warnende Beispiele. Deshalb machen mir die kontinuierlich sinkenden Hemmschwellen im Internet auch Sorgen.

Mit meiner Liebe zur Ironie kann ich die meisten Internet-Diskussionen natürlich nur furchtbar finden. Wenn man nachgerade ein Schild „Vorsicht, Ironie!" aufstellen muss, um verstanden zu werden, ist mir ein Medium verleidet. Von Gelassenheit kann man in digitalen Foren selten einmal reden, das durchschnittliche Empörungs- und Aufgeregtheitsniveau ist konstant hoch. Was Diskussions- und Humorfähigkeit betrifft, ist das Internet wirklich keine kulturelle Errungenschaft.

Nicht, dass ich diese Technologien und Plattformen rundweg ablehne. Ich schätze alle möglichen Dinge, ein kurzes Mail, ein SMS zur schnellen Verständigung, oder das Schreibprogramm auf meinem iPad. Doch der Verlust eines Mindestmaßes an Höflichkeit, an Zuhörenkönnen, geschweige denn Analysefähigkeit, diese ständigen Wutausbrüche, noch dazu von anonymer Seite, halte ich für wirklich arg. Im Wahlkampf musste ich mich natürlich in Chats auch auf Fragesteller ohne Namen einlassen; mitunter hatte ich den Eindruck, die FPÖ hätte gerade eine Dutzendschaft an anonymen Gegnern mobilisiert. Abschreckend ist auch die Geschwindigkeit im Chat: Man legt sich innerhalb Sekunden auf etwas fest, was man 24 Stunden später vielleicht schon ganz anders formulieren würde.

Ich kann deshalb jeder Politikerin nur davon abraten, sich live in Online-Foren hineinzubegeben. Mitarbeiter sollten filtern und löschen und nur das weitergeben, was lesens- und beantwortenswert ist.

Auch in der analogen Welt kann man mich gehörig reizen. Wer chronisch unpünktlich ist, zeigt kein Sensorium dafür, dass die Zeit der Anderen ebenfalls kostbar ist. Auch mangelnde Vorbereitung, und wenn es nur ein Höflichkeitsbesuch ist, zähle ich zu den Untugenden. Als ich mich erstmals mit einem Topmanager des Gesundheitswesens getroffen habe, eröffnete er sinngemäß: „Wer sind Sie überhaupt? Was haben Sie für einen Auftrag? Und warum soll ich mit Ihnen reden?" Mein erster Gedanke war: Warum hat sein Sekretariat diesen Arroganzbolzen nicht im Geringsten auf das Treffen vorbereitet? Mit etwas Mühe habe ich zurückgehalten, was mir alles auf der Zunge lag.

Nun könnte man mit Slavoj Žižek natürlich lange über den Sinn von Höflichkeit als Konstrukt von Lügen philosophieren. Ich frage Sie, wie es Ihnen geht, obwohl es mich gar nicht sonderlich interessiert. Sie antworten „Danke, gut", obwohl es Ihnen gar nicht so gut geht. Wenn Sie im Englischen auf die Frage „How are you?" tatsächlich beginnen zu erzählen, wie es Ihnen geht, wäre das sogar richtig unhöflich. Aber Höflichkeit *macht* aus der Erfahrung heraus Sinn, zumindest im Sinne einer freundlichen Eröffnung, oder auch einer Atempause, in der Kommunikation. Es geht um Rituale, mit denen der Rederaum zivilisiert geöffnet wird.

Zu den Konventionen, die mit dem Politikerleben verbunden sind, habe ich ein eher reserviertes Verhältnis. Am Opernball war ich nie. Wir Gymnasiasten in Innsbruck belegten zwar einen Tanzkurs, aber das Tanzen habe ich verlernt, leider. Den Ersten Wiener Wissenschaftsball im Rathaus Anfang Februar 2015 habe ich mitinitiiert und hatte dementsprechend hinzugehen – der Ball war ein Erfolg, vom Akademiepräsidenten Anton Zeilinger abwärts war die Studenten- und Professorencommunity sehr vergnügt, und überdies berichteten internationale Medien wie die Zeitschrift *Science* aus diesem Anlass über die Forschungsstadt Wien. Mein Vorurteil gegen Bälle muss ich deshalb rückbauen.

Der Wandel der Kleiderordnungen im Lauf der Jahrzehnte ist interessant. Im Gymnasium in Innsbruck, einer Bubenschule, war es noch verboten, Blue Jeans zu tragen – von den Vorschriften im Parallelgymnasium der Mädchen ganz zu schweigen. Dieses Kleidungsstück galt als Inbegriff der US-amerikanischen Konsumkultur, aber auch des Individualismus. Beides war verpönt. Ich habe mich damals dem Verbot gefügt. Im Zweifel hätte ich den Kulturkampf mit dem Direktor ausfechten sollen.

Ein recht entspanntes Verhältnis hatte ich als zugewanderter Tiroler zum Thema Tracht. Als kleiner Bub hatte ich natürlich eine Lederhose und später sogar eine Knickerbocker, und ich habe sie gerne getragen – auch weil ich dazugehören wollte. Mir war nicht klar, dass mit dem Kleidungsstück allein noch keine Landsmannschaft garantiert war. Heute käme es mir nicht mehr in den Sinn, mich auf diese Art zu verkleiden. Aber ich registriere mit Interesse, wie Trachten inzwischen auch von der Haute-Couture-Welt entdeckt worden sind. Vor einiger Zeit sah ich die berühmte Modeschöpferin Vivienne Westwood am Hallstätter See in Begleitung ihres Tiroler Mannes, der knielange Tracht-Lederhosen trug. Kleidung ist viel individueller und selbstbestimmter geworden, man darf heute Lederne und Dirndl auch dann tragen, wenn man nicht über eine 200-jährige Familiengeschichte in der Region verfügt.

Und dennoch gibt es, so paradox das klingen mag, auch in der individualisierten Gesellschaft Uniformen ebenso wie ungeschriebene Ge- und Verbote. Architekten tragen fast nie Krawatte. In vielen Zeitungsredaktionen kann man Blue-Jeans-Durchdringungsraten von 90 Prozent und mehr beobachten. Ich kann mir Peter Pilz ohne schwarzes Sakko und T-Shirt oder Sweatshirt darunter nicht einmal mehr vorstellen. Wer sich einmal von einer Konvention befreit hat, stolpert offenbar unversehens in eine neue hinein.

In der Politik und an der Uni habe ich die Kleidungs-Konventionen übrigens immer ziemlich pragmatisch gehandhabt: Zu Grün-internen Meetings kam ich stets leger, im Parlament war ich mit Sakko. In die Vorlesung ging ich mit Jeans und Hemd, in die Fakultätssitzung mit Krawatte. Als Dekan hatte ich bei den diversen Zeremonien sogar einen Talar übergestreift. Dieses Kleidungsstück hatten die 1968er noch massiv als Symbol dafür bekämpft, dass die Auseinandersetzung mit der NS-Verstrickung von Professoren weitgehend ausgeblieben war („Unter den Talaren – der Muff von 1000 Jahren"). Ich halte Talare bei Sponsionen oder Promotionen heute eher für ein folkloristisches Signal an die Eltern.

Äußerlichkeiten sind leider in der Berichterstattung über Politik immer wichtiger geworden, auf diese Weise werden alte und neue Konventionen verstärkt. Ich kann mich gut erinnern, dass ein *Presse*-Journalist nach einem Vortrag, den ich über eine ökologische Steuerreform gehalten hatte, seinen Artikel mit folgenden Worten begann: „Grauer Anzug, Krawatte. Wirkt seriös." Seit der aktuell jüngste Grünen-Abgeordnete im österreichischen Nationalrat, Julian Schmid, regelmäßig in Jeans und Kapuzenpulli zu den Sitzungen kommt, rümpft so mancher konservative Parlamentarier die Nase, und die Medien greifen das Thema dankbar auf. Aber das ist harmlos im Vergleich zu dem, was Politikerinnen zu erdulden haben. Flache Schuhe, Stöckelschuhe, nabelfrei bei einem privaten Fest an einem warmen Sommertag, alles scheint der Kommentierung würdig. Ich bin mir nicht sicher, ob Journalistinnen ihren männlichen Kollegen bei diesem Unfug nachstehen.

So richtig verwirrend wird es in Sachen Etikette und Höflichkeit interkulturell: Was im einen Land zum guten Ton gehört, kann im anderen völlig fehl am Platz sein. Als ich vor rund 15 Jahren in Israel auf Staatsbesuch war und dabei stets Anzug und Krawatte trug, haben mich einige Israelis ausgelacht. Das habe ich ignoriert – und mich meinerseits über ihre Angewohnheit, den Hemd- über dem Sakkokragen zu tragen, mokiert.

Das diplomatische Parkett ist, was Konventionen betrifft, ohnehin ein Minenfeld. Es gibt das Protokoll, und es gibt beidseitige Erwartungen, aber wenig verbindliche Richtlinien. Wenn Ministerpräsident Alexis Tsipras zu einem EU-Gipfel im offenen Hemd erscheint, während sich alle anderen Herren mit einer Krawatte die Kehle abschnüren, wird das hingenommen. Wenn Finanzminister Yanis Varoufakis mit dem lose über den Hosenbund hängenden Hemd seine Amtskollegen im Ecofin-Rat brüskieren wollte, so dürfte ihm das gelungen sein. So etwas wird rasch als spätpubertäre Verhaltensweise disqualifiziert und beeinflusst die Gesprächsatmosphäre – und zwar negativ.

Einen speziellen Fauxpas beging der russische Präsident Wladimir Putin Ende 2014 beim Asiatisch-Pazifischen Wirtschaftsforum: Er legte der First Lady Chinas Peng Liyuan im kühlen Freien eine Decke um die Schultern. Diese Geste der Fürsorglichkeit wurde jedoch als unhöflicher Akt auch gegen Staatspräsident Xi Jinping interpretiert, denn in China verstößt es offenbar gegen die Etikette, einer fremden Frau so nahezukommen.

Manche Bräuche muss man wohl oder übel hinnehmen, auch wenn sie unserem westlichen Wertekanon zuwider laufen. Der iranische Botschafter in Wien etwa gibt der grünen EU-Abgeordneten Ulrike Lunacek nicht die Hand, weil sie eine Frau ist. Sie spricht das auch an, aber es nützt nichts. Wir empfinden das als unhöflich. Die Gegenseite sieht das wahrscheinlich umgekehrt.

7   Herkunft ...

Ahnenforschung scheint neuerdings ziemlich modern zu sein. Ich bin weder in Russland noch in Estland jemals auf „Wurzelsuche" gegangen. Ich bin in Tirol und in Wien „verwurzelt".

Erst in jüngster Vergangenheit habe ich mich durch Zufall doch etwas näher mit meinen russischen Vorfahren väterlicherseits beschäftigt. Es gibt kaum Aufzeichnungen darüber und nur wenige, unbeschriftete Fotografien, die großteils noch aus der Zarenzeit stammen. Mein Vater hat davon selten erzählt. Doch dank der Internet-Suchmaschine Google habe ich eine Verwandte aufgespürt, die auf einem russischen Zeitgeschichteportal ein lebensgeschichtliches Interview gegeben hat – und dank eines Übersetzungsprogramms habe ich sogar einen in kyrillischen Buchstaben wiedergegebenen Text in etwas für mich Lesbares umwandeln können. Diese Verwandte muss nach meinen Aufzeichnungen eine Großcousine gewesen sein.

Nur wenige Wochen nach diesem Zufallstreffer hat mich eine weitere Verwandte aus dem sogenannten Ural-Zweig der Familie, die ihrerseits an der Vervollständigung eines Stammbaums arbeitete, kontaktiert. Was ich bisher über die Geschichte der Van der Bellens erzählt bekommen hatte, wurde auf diese Weise teilweise bestätigt und ergänzt, teilweise auch korrigiert.

Zar Peter der Große hatte sich bei zwei Reisen in die Niederlande Ende des 17. Jahrhunderts nicht nur von Rembrandts Kunstwerken inspirieren lassen, sondern auch vom holländischen Schiffsbau. Viele dieser Ingenieure lockte er später in sein Reich. Es wird angenommen, dass die Van der Bellens auf diesem Wege nach Russland kamen. Gesichert ist, dass ein 1768 in Riga getaufter Abraham Van der Bellen besondere Verdienste um das Krankenhaus der Stadt Pskov erwarb, die nicht weit von der Grenze zu Estland liegt – das muss mein Ururgroßvater gewesen sein. Er wurde geadelt und kaufte das Landgut Alexandrovskoje in der Nähe von Pskov. Seit Anfang des 19. Jahrhunderts trugen alle erstgeborenen männlichen Vorfahren meines Vaters, so wie er selbst, den Vornamen Alexander.

Mein Großonkel Konstantin Alexandrowitsch betrieb auf Alexandrovskoje Ackerbau und Viehzucht nach damals modernen westlichen Standards, holländische Kühe inklusive. Er war nicht nur in regem Kontakt mit den landwirtschaftlichen Akademien der Umgebung, sondern empfing viele Akademiker und Intellektuelle auf dem Gut, laut den Nachforschungen meiner Verwandten auch die damals berühmten Agrarreformer Dimitri Pryanischnikow und Efim Liskun. Auch eine eigene Publikation über Verbesserungsmöglichkeiten in der Landwirtschaft hat dieser Konstantin Alexandrowitsch verfasst, sie befindet sich heute in der Russischen Nationalbibliothek. Nach der Revolution 1917 wurde Alexandrovskoje zerstört und niedergebrannt.

Meine Mutter wurde als Tochter einer Estin und eines estnischen Apothekers im zaristischen Moskau geboren. Nach

1917 gingen sie nach Tallinn, der Hauptstadt des neuen unabhängigen Staates Estland. Dort lernten meine Mutter und mein ebenfalls geflüchteter Vater einander kennen. Politisch stimmten sie im Antistalinismus überein. Mir wurde als Kind in Innsbruck eingeschärft, dass ich den Weg am sowjetischen Konsulat vorbei unbedingt meiden sollte – zu gefährlich. Tatsächlich hatten wir als estnische Staatsbürger im Exil von den Sowjets nichts Gutes zu erwarten. Gut kann ich mich auch erinnern, wie sich meine Eltern mokierten, wenn sie das aus ihrer Sicht schlampige Russisch irgendeines Sowjetmenschen im Radio hörten – sie selbst sprachen wohl eine Art Upper-Class-Russisch miteinander, ich habe den weichen Klang noch immer im Ohr.

Immer wenn wir mit dem Auto von Innsbruck ins Kaunertal fuhren, bekam ich eine vage Vorstellung davon, wie es in Estland gewesen sein muss. Da gab es entlang der Strecke einen großen Kiefernwald, so wie es sie in Estland großflächig gibt. Und genau dort, obwohl es nicht mehr weit nach Hause gewesen wäre, blieb mein Vater verlässlich stehen – mit der Ausrede, der Hund müsse noch ausgeführt werden.

Ein Vetter, Wladimir Van der Bellen – auch er hatte in der Weißen Armee gegen die Bolschewiken gekämpft – ging nach Holland; andere wanderten in die USA, nach Kanada und nach Australien aus. Ein weiterer Teil der Familie blieb aber offenbar nach 1917 in der Nähe von Sankt Petersburg. Und wie meine Verwandte in diesem lebensgeschichtlichen Interview auf dem Online-Portal erzählt, scheint ihr Vater, ein gewisser Alexander Konstantinowitsch Van der Bellen, ein Montanistik-Professor und Spezialist für Metallurgie, sogar Mitglied des Obersten Volkswirtschaftsrates unter Stalin gewesen zu sein – aber nicht lange, anscheinend hatte er es gewagt, Kritik an Stalins Antiintellektuellenpolitik zu üben. Aber dazu gibt es nur vage mündliche Überlieferungen und keine schriftlichen

Aufzeichnungen. Während mein Vater also vor den Kommunisten floh, scheint besagter Cousin im System Karriere gemacht zu haben, wenn auch nur kurzfristig.

Heute erscheint es mir bemerkenswert, dass in der Geschichte der Van der Bellens die Migration und der hohe Stellenwert des akademischen und intellektuellen Lebens eine so große Rolle gespielt haben. Denn laut meiner Ural-Verwandten gab es auch in diesem Zweig der Familie Apotheker, Goldwäscher, Bergbauingenieure, Chirurgen und Maler.

Apropos Maler: Meine Mutter war ausgebildete Sängerin und Pianistin. Im Kino in Tallinn hatte sie Stummfilme mit Klavierspiel begleitet. Sie hatte eine Leidenschaft für Frédéric Chopin; wenn ich heute die *Nocturnes* höre, werde ich gleich sentimental. Am Konservatorium in Innsbruck erhielt auch ich Klavierunterricht, entwickelte aber kein besonderes Talent. Kurze Zeit habe ich Zugposaune im Evangelischen Posaunenchor gespielt. Zu Weihnachten bliesen wir vom Kirchturm und im lokalen Gefängnis. Auch diese Karriere war nicht erfolgreich.

Am Dorf aufzuwachsen, aber mit kosmopolitischem Hintergrund, schafft eine privilegierte Ausgangsbasis. Das wurde mir erst später klar. Die Herkunft bindet, aber sie fixiert nicht. Dank der Unterstützung meiner Eltern standen mir alle Bildungswege offen.

8   … und Bildung

Es war, wie gesagt, selbstverständlich, dass ich studieren konnte. Und als ich 1980 einen Ruf als Professor an die Universität Wien erhielt, ging für mich ein großer Wunsch in Erfüllung: Wien! – und nicht irgendein deutsches Provinzstädtchen. Bis heute kann ich mir keinen schöneren Beruf vorstellen. Zu den sehr erfreulichen persönlichen Freiheiten, die mit dem universitären Arbeitsleben verbunden sind, gehören die kaum geregelten Arbeitszeiten. Die führen allerdings dazu, dass man sich nicht an den Arbeitsrhythmus von Angestellten hält, sondern eher an jenen von Selbstständigen. Manchmal frage ich mich, was aus mir geworden wäre, wenn ich einen anderen Bildungsweg eingeschlagen hätte. Ich habe wie mein Vater und mein Schwager Ökonomie studiert, wahrscheinlich aus einer bestimmten Phantasielosigkeit heraus. Dabei wollte ich ursprünglich immer Architekt werden, schon als Kind hatten es mir die Bauklötze angetan. Doch im Gymnasium rätselte ich, wie man Raum auf einer Fläche darstellt, in Darstellender Geometrie wäre ich fast durchgefallen. Die Berufsberatung empfahl mir Psychologie, doch das schien mir am Arbeitsmarkt wenig bis gar nicht gefragt zu sein.

Vielleicht würde ich heute, stünde ich noch einmal vor der Wahl und hätte keinen existenziellen Druck, Anglistik, Dialektkunde oder Vergleichende Literaturwissenschaft studieren. Zur Schriftstellerei fehlt mir aber das Talent, auch wenn das eine verlockende Tätigkeit ist, die im Idealfall mit großen persönlichen Freiheiten einhergeht. Eine Romankonstruktion wie Thomas Manns *Zauberberg* würde mich überfordern. Ich bin besser in der kritischen Analyse von Texten als im kreativen Schreiben.

Im Rückblick weiß ich jedenfalls, dass es nicht unbedingt auf akademische Bildung ankommt. Wenn ich die Kinder der Bergbauern in Kaunertal und -berg betrachte, dann gibt es dort viele, die dank Geschick, Verstand und Tüchtigkeit nach bürgerlichen Maßstäben große Erfolge erreicht haben, oft als Lehrer, Selbstständige oder Hoteliers. Auf der anderen Seite sind mir schon Dreifachdoktoren untergekommen, die ich für ausgemachte Deppen hielt. Nichts ist zudem unsympathischer als akademischer Dünkel. Als ich Dekan an der Universität war, musste ich regelmäßig die fertigen Magister verabschieden, in dieser Zeremonie mit den Talaren. Ich habe sie immer gebeten, die Nase nur ja nicht zu hoch zu tragen.

Ist es ein Makel, wenn jemand das Studium abbricht? Sicher nicht immer! Es gibt bis heute keine verlässliche Statistik darüber, aus welchen Motiven Studierende ihre Studien abbrechen. In meiner Zeit haben die wenigsten Wirtschaftsinformatiker ihr Studium beendet – sie waren am Arbeitsmarkt schon davor so gefragt, dass sie es sich leisten konnten, auf den Abschluss zu verzichten. Oder sie wollten es sich nicht leisten, durch weitere Jahre an der Universität auf Einkommen zu verzichten. Ob ein Studium abgeschlossen wurde oder nicht, hat also nur bedingte Aussagekraft. Zwar mag der Titel etwas bringen, immerhin ist er ein Signal, dass man „etwas zu Ende gebracht" hat. Und im Öffentlichen Dienst ist die Einstufung nicht zuletzt vom Ausbildungsgrad abhängig.

Da Bildungs-Autodidakten die Ausnahme sind, ist es für die meisten Menschen wichtig, unter Anleitung denken zu lernen, das heißt nach Möglichkeit Vorurteile und Urteile zu unterscheiden sowie die Differenz zwischen einer Meinung, einer belegbaren Auffassung und Beweisen zu erkennen. Bin ich dazu imstande, dann bin ich in bestimmter Hinsicht auch frei, weil es mir erleichtert, meine Vorurteile in Frage zu stellen, oder wie man das heute wohl sagen würde: zu dekonstruieren. Wer glaubt, dass etwas stimmen muss, weil es in der *Krone* steht, bleibt in den Vorurteilen Anderer gefangen.

Um diese Urteils- und Unterscheidungskraft zu entwickeln, braucht es kein Studium, sondern in erster Linie gesunden Hausverstand – ein Begriff, der häufig missbraucht wird und zum Teil fälschlich mit dem „gesunden Volksempfinden" der Nationalsozialisten in Beziehung gesetzt wird. Die Anleitung zum Denken und Verstehen beginnt idealerweise schon im Elternhaus, im Kindergarten und in der Volksschule. Auch die Einführung in die sogenannten Umgangsformen und in das, was man etwas romantisch „Herzensbildung" nennt, findet in dieser frühen Lebensphase statt: Lernen, dass einander Hauen keine ideale Form der Kommunikation ist, dass Christ nicht gleich Christ und Moslem nicht gleich Moslem ist, dass Männer auch im Haushalt Verantwortung übernehmen sollen usw.

Zumindest historisch betrachtet war in dieser Hinsicht auf Akademiker nicht zu zählen: In den zwanziger und dreißiger Jahren war in Österreich und Deutschland die überwiegende Mehrheit der Professoren stockreaktionär, konservativ bis in die Knochen, antirepublikanisch, antidemokratisch, antisemitisch.[15] In der Nazizeit waren Stereotypisierungen und Pauschalierungen noch in den höchsten akademischen Kreisen gang und gebe: „der Russe", „der Deutsche", „der Jude" …

Heute – das würde ich zumindest für Westeuropa behaupten – steht die überwiegende Mehrheit der akademischen Intelligenz politisch nicht (weit) rechts, sondern in der liberalen Mitte. Ob sie im Ernstfall bereit wäre, die „europäischen Werte" wie Freiheit, Toleranz und Liberalität aktiv zu verteidigen – das kann man hoffen, aber nicht mit Sicherheit wissen. Michel Houellebecq beschreibt in seinem Roman *Unterwerfung*, dessen Protagonist ein mittelmäßiger Professor der Literaturwissenschaft ist, einen opportunistischen Anpassungsprozess der Universitäten, der Parallelen zur „Gleichschaltung" nach 1933 aufweist, freilich unter ganz anderen Vorzeichen. Houellebecq hält offenbar nicht viel von der liberalen Widerstandskraft Frankreichs.[16]

In meiner späteren beruflichen Laufbahn hat mir weniger das Studium als solches als das, worauf ich im Rahmen des Studiums gestoßen bin, geholfen. In der Vorbereitung auf die Habilitation etwa kamen verstärkt Mathematik und formale

Logik ins Spiel; Gebiete, die davor nicht so zentral waren. Um Argumente von Vorurteilen unterscheiden zu lernen, sind diese Dinge aber nützlich.

Ein Beispiel: Ein Kollege einer anderen Fraktion geht zum Rednerpult im Parlament und sagt: „Wenn wir die Einkommensteuer in Österreich senken, dann wird sich das Wirtschaftswachstum erhöhen." Das ist ein Konditionalsatz, bei dem das „Dann" aus dem „Wenn" unbedingt folgt. Es gibt aber weder einen logischen noch einen empirischen Beweis dafür, dass Länder mit niedrigeren Einkommensteuerquoten immer höhere Wachstumsraten haben. So habe ich dem Kollegen im Nationalrat dann auch mit Argumenten und Fakten kontern können.

Der Bildungsbegriff per se ist sonderbar, er existiert nur im Deutschen und wurde stark vom Humboldt'schen Bildungsideal geprägt. Da geht es um Bildung als Wert an sich, der neben Latein und Griechisch in jedem Fall auch die literarische und musikalische Bildung umfasst. Auch eine griffige Übersetzung von „Bildungsbürgertum" ins Englische gibt es meines Wissens nicht, am ehesten wäre das wohl mit *well-educated middle classes* zu übersetzen. Nur wird das nie verwendet. Was mich an diesem Bildungsbegriff stört, ist der Umstand, dass er zu stark aufs Allgemeine und zu wenig aufs Konkrete abzielt. Interessanterweise hat von meinen Ökonomie-Studierenden nie jemand protestiert, wenn es um abstrakte Fragestellungen ging: Details der kollektiven Entscheidungstheorie, wie man einen Beweis führt etc. Aber sie für das konkrete österreichische Einkommensteuerrecht zu interessieren, war gar nicht so einfach. Dabei weiß jeder, dass man im Leben nur zwei Dingen nicht ausweichen kann: dem Tod und den Steuern.

Wenn sie auch nicht Voraussetzung ist, so schadet universitäre Bildung sicher nicht, um die wünschenswerte

Anleitung zum Denken zu erhalten. Und darum ist es sinnvoll, die Zutrittsbarrieren so niedrig wie möglich zu halten. Studiengebühren von, sagen wir, 500 Euro pro Semester halte ich indes für keine große Barriere, wenn auf der anderen Seite ein entsprechendes Stipendienprogramm für jene steht, die es sich nicht leisten können. Als Ökonom ist es für mich nicht nachvollziehbar, warum universitäre Bildung, mit einem genau umschriebenen Empfängerkreis und einem statistisch geringeren Arbeitslosigkeitsrisiko als Pflichtschulabsolventen, zu hundert Prozent vom Staat finanziert werden soll. Die Meisterprüfung wird nicht zu hundert Prozent vom Staat finanziert.

In den Vereinigten Staaten mit ihren absurd hohen Studienkosten scheint hingegen die Gefahr größer zu werden, dass auch die Mittelschicht im bestehenden System mehr und mehr unter die Räder kommt. Denn wenn ich aus einer vermögenden Familie komme, kann ich mir die Studiengebühren in Yale, Harvard & Co. leisten. Wenn ich arm, aber hochbegabt bin, bekomme ich ein Stipendium.[17] In der Mitte aber ist ein Studium schwer leistbar. In Österreich ist es in der Regel nur dann besonders schwierig, wenn zwei oder drei Geschwister gleichzeitig studieren.

Ich habe die Erfahrung gemacht, dass man Studierende aus den sogenannten „kleinen Verhältnissen", etwa Kinder von Arbeitern oder Kleinbauern, manchmal besonders unterstützen muss, weil sie Gefahr laufen, sich zu früh mit einem Abschluss zufrieden zu geben, statt die nächste Sprosse auf der Leiter anzugehen. Einmal musste mein Institut einen solchen jungen Kollegen, den wir alle als reif für unsere Profession erachteten, mit viel Druck überreden, nach dem Doktorat noch in die USA zu gehen und dort seinen wissenschaftlichen Weg fortzusetzen. Sonst wäre sein Talent unserer Ansicht nach verschleudert worden.

Der *Economist* hat Ende Jänner 2015 über den „neuen Adel" im Sinne von „Bildungsadel" geschrieben.[18] Es ist eine triviale Feststellung, dass wohlhabende Menschen es auch mit der Ressource Bildung leichter haben – nicht, weil sie intelligenter sind, sondern weil sie besser wissen, worauf es ankommt und wie man das Bildungssystem nutzt. Und wer sich obendrein mit seinen Kindern im frühkindlichen Alter viel beschäftigt, ihnen vorliest, sie sprachlich erzieht, verschafft ihnen bessere Startchancen.

Die Beherrschung der Kulturtechniken kann aber fehlenden Inhalt nicht ersetzen. Ich gebe zu, dass mich als Prüfer an der Universität speziell Leute nervös gemacht haben, die besonders artikuliert und schnell gesprochen und mir dabei alles Mögliche erzählt haben, nur nicht das, wonach ich sie gefragt habe. Einmal ließ ich einen Prüfling der Finanzwissenschaften mit sehr prominentem Hintergrund durchrasseln, es ging um die Nostrifizierung eines Harvard Degree. Er war sehr eloquent, aber er redete andauernd an der Frage vorbei, ohne fachlich einen Schimmer zu haben. Erfolg: Nicht Genügend. Nach drei Monaten trat er noch einmal an, und dann war's okay.

Um die erste Hürde zu erleichtern, habe ich am Beginn der Prüfungen immer eine offene Frage gestellt: „Beginnen Sie mit einem Thema, das Sie interessiert hat!" Und natürlich war ich sauer, wenn nicht einmal das funktioniert hat. Wenn jemand jedoch eine überraschende oder originelle Antwort gab, war ich sehr schnell auf seiner oder ihrer Seite.

Wahrscheinlich wäre meine eigene Universitätslaufbahn aber deutlich trockener, geradliniger und spröder verlaufen, wenn es Ende der 1960er nicht diesen Aufstand der Studierenden und Assistenten gegen das Establishment gegeben hätte. Der Kampf gegen die Autoritäten hatte begonnen.

II. POLITIK

9 1968: Gamsbart-Kultur ade

Erstmals hatte ich 1968 das Gefühl, dass es die Freiheit, von der ich bisher nur in Büchern gelesen hatte, wirklich gibt. Das berühmt-berüchtigte Jahr der Studentenunruhen war für meine politische Sozialisation einschneidend, wichtiger als etwa 1984, das Jahr von Hainburg, die Geburtsstunde der österreichischen Grünen.

Zur Erinnerung: In Österreich gab es zu dieser Zeit eine konservative ÖVP-Alleinregierung, Josef Klaus war Bundeskanzler und Theodor Piffl-Perčević Unterrichtsminister. Bruno Kreisky war seit kurzem Oppositionschef im Parlament. An den Universitäten hatten ausschließlich die Professoren das Sagen („Ordinarien-Herrschaft"), Hertha Firnbergs Reformen waren noch Jahre entfernt. Die „Tiroler Tageszeitung" berichtete positiv über die Rassentrennung in Südafrika. Das öffentliche Klima würde ich mit Gamsbart-Kultur umschreiben: Heimat, Tradition, Wirtschaftswunder – jedes für sich recht hübsch, aber in der Zusammenballung ganz schön erdrückend.[19]

Die Aufstandsbereitschaft der österreichischen Studierenden war zunächst noch geringer als heute. Die Hochschülerschaft (ÖH) der Uni Innsbruck setzte sich aus zwei Dritteln CV (katholischer Cartellverband) und einem Drittel RFS (Ring Freiheitlicher Studenten) zusammen. Dennoch schwappten die Studentenunruhen in Berkeley, Paris und Berlin mit einigen Monaten Verspätung auch auf Österreich über, selbst auf die kleine Universität Innsbruck, wo ich eben eine Stelle als wissenschaftliche Hilfskraft angetreten hatte. Wir schauten wie gebannt auf die Geschehnisse in Berlin.

Wien hingegen schien so weit entfernt wie der Mond, von den Demonstrationen 1965 gegen die antisemitischen Äußerungen von Taras Borodajkewycz, einem Professor an der damaligen Hochschule für Welthandel und bekennendem ehemaligem NSDAP-Mitglied, habe ich nicht viel mitbekommen.[20]

In Innsbruck übten wir, die Assistenten und Studierenden, ab 1969 also ein bisschen Revolution, zumindest in den Augen machtbewusster konservativer Professoren. Und davon gab es einige, besonders viele an der medizinischen Fakultät, fast so viele an der rechts- und staatswissenschaftlichen Fakultät, die damals auch uns Ökonomen beherbergte. Es ging vor allem um schlichte Informations- und Anhörungsrechte, um Begründungspflichten der Professoren für ihre Entscheidungen, also letztlich um Transparenz. Wenn die Assistenten Informationsrecht und Begründungspflicht sagten, hörten die Professoren aber: Der Lehrling will dem Meister die Ohren langziehen. Erst mit der Venia Docendi, der Habilitation, werde man ja bekanntlich ein vollwertiges Mitglied der wissenschaftlichen Zunft. Diese Haltung war bei Medizinern besonders ausgeprägt.

Wenn man politische Ziele hat, und diese womöglich auch durchsetzen will, muss man sich organisieren und Allianzen suchen. Das ist an den Universitäten nicht anders. Zunächst galt es Neuwahlen im Assistentenverband anzusetzen und die bis dahin dominierenden Dozenten im Alter 50plus abzuwählen; und ich fand mich auf einmal in der Position des Vorsitzenden des universitären Assistentenverbandes, einer Art rudimentärer Gewerkschaft des sogenannten Mittelbaus. Ich war 25 und nicht einmal promoviert, allein das mag auf manchen professoralen Stier wie ein rotes Tuch gewirkt haben.

Das Wichtigste an 1968 und den Folgejahren war: Man durfte wieder Ideale haben. Heute würde man sagen, da war

Spirit, es war eine Art intellektuell-emotionaler Befreiung. Natürlich habe ich nicht verstanden, was die Pariser Studenten genau meinten, wenn sie an die Wand schrieben *Die Phantasie an die Macht*. Aber weil die herrschenden Zustände so offenkundig phantasielos waren, verfing das. Es war plötzlich nicht mehr alles so festgezurrt, wie es davor zu sein schien. Die Mächtigen bekamen richtig Knieschlottern: Der französische Staatschef Charles de Gaulle ist in dieser Zeit sogar nach Baden-Baden gefahren, um die dort stationierten französischen Truppen zu alarmieren, auf dass sie im Ernstfall nach Paris kämen.

Auch wenn es in Innsbruck keine wilden Kommunen gab, in denen der sexuellen Freizügigkeit gehuldigt wurde, so wurde doch die symbolische Auflehnung gegen Autoritäten überall sichtbar und spürbar. Und natürlich schauten wir fasziniert auf all das, was in den europäischen Zentren der Studentenproteste geschah. Unvergesslich ist der Auftritt von Fritz Teufel, APO-Aktivist und Kommunarde, bei einer Befragung vor Gericht in Berlin. Beim Einzug der Richter wurde er aufgefordert aufzustehen, worauf er erwiderte: „Na, wenn's der Wahrheitsfindung dient." Diese lässig-ironische Grundhaltung gegenüber allem, was etabliert zu sein schien, hat mir doch sehr imponiert. Später legte Teufel noch einmal eins drauf und provozierte die Justiz mit dem Satz: „Mir ist aufgefallen, dass sich bei NS-Prozessen Angeklagte von ihren Richtern wenig unterschieden."

Ich habe in dieser Zeit sehr viel über Politik gelernt, und auch über politische Zuschreibungen. Diese Erfahrungen haben mich gelehrt, was einem Politiker passiert, wenn man die Zeichen der Zeit – gesellschaftliche, wirtschaftliche, technologische Umbrüche – nicht erkennt. Die ganze schwarze Regierung hat schlicht nicht verstanden, worum es bei den Protesten ging. Kreisky hat später darauf aufbauen können, auch unterstützt von seiner jungen, modernen, liberalen Mannschaft mit Hannes Androsch und Leopold Gratz, dem späteren Wiener Bürgermeister.

Ich galt nicht zuletzt wegen meiner damaligen dogmatisch antikapitalistischen, prosozialistischen Ader bald als der „rote" Van der Bellen. Mein Chef, Professor Clemens August Andreae, im Übrigen ein angenehmer, toleranter, konservativer Liberaler, hat wörtlich von der „roten Brut" an seinem Institut gesprochen. Ich habe ihm daraufhin sinngemäß gesagt: „Ich rede Ihnen nicht drein, und Sie reden mir nicht drein. Loyalität muss gegenseitig sein."

Jahre später hätte mich meine Tätigkeit als Interessenvertreter fast meine Unikarriere gekostet, und zwar wegen „fehlender Ehrenhaftigkeit". 1975 stellte ich meinen Habilitationsantrag, und in der damaligen Habilitationsnorm gab es tatsächlich einen Passus, der „ehrenhaftes Vorleben" als Voraussetzung für die Gewährung einer universitären Lehrbefugnis verlangte, ohne jedoch diese Ehrenhaftigkeit näher zu definieren.

Nun meldete sich ein Professor der Rechtswissenschaften zu Wort und sprach mir ein „ehrenhaftes Vorleben" ab. Er machte nicht etwa betrügerische Krida oder unglaubliche sexuelle Verfehlungen meinerseits geltend. Nein, als ich mich für die Assistenten quasi gewerkschaftlich engagierte und der Professor gleichzeitig Dekan der Fakultät war, hatten wir eine konkrete Auseinandersetzung darüber, wie er mit einem seiner Assistenten umging. In diesem Konflikt muss ich ihm wohl zu nahe getreten sein. So nahe, dass er vier Jahre später meinte, die Zeit für Revanche sei nun gekommen.

Die Sache ist dann gut für mich ausgegangen. Glücklicherweise hatte ich alle Notizen, Gesprächsprotokolle und dergleichen meinem Nachfolger im Assistentenverband in einer Bananenschachtel übergeben, und diese hatte die vier

Jahre überlebt. Ich hatte Beweisstücke zur Genüge. Eine kleine Kommission, bestehend aus einem „schwarzen" Verfassungsrechts- und einem „roten" Strafrechtsprofessor, kam nach mehreren Wochen Prüfung zum Schluss, mein Vorleben sei doch ein ehrenhaftes.

Dass jene, die nicht einem der herrschenden politischen Lager zugehörten, schlechtere Chancen haben als andere, ist mir spätestens in diesen Jahren klar geworden: Rot und Schwarz stellten für alle, die andersfarbig oder gar nicht „farbig" waren, ein innerösterreichisches Gleichgewicht des Schreckens dar. Das gehörte zu den scheinbar unumstößlichen Tatsachen der Zweiten Republik, die aus den Trümmern des nationalsozialistischen Regimes auferstanden war.

10 Der lange Schatten des Proporzes

Es gibt dieses Narrativ vom „Geist der Lagerstraße" als eine Art Grundstein der Zweiten Republik: Dass die Erfahrungen späterer Führungsfiguren wie Leopold Figl, Alfons Gorbach oder Franz Olah im KZ Dachau, die am eigenen Leib verspürte Unfreiheit, den politischen Kurs nach 1945 entscheidend bestimmt hätten. Ich bin da skeptisch.

Richtig ist, dass die SPÖ- und ÖVP-Granden aus den Konzentrationslagern die Botschaft mitbrachten, dass sich das Drama der Ersten Republik nicht wiederholen dürfe. Die unüberbrückbaren Gegensätze zwischen Sozialisten und Christdemokraten sowie das nach dem Ersten Weltkrieg offenbar weit verbreitete Gefühl, dieser aus der k.u.k.-Monarchie hervorgegangene Kleinstaat sei nicht lebensfähig, hatten ja in die Katastrophe geführt. Die Einsicht, dass nun ein Mindestmaß von Kooperation und wechselseitiger Verständigung unabdingbar war, lag da nahe. Aber eine solche Einsicht mit aktivem Einsatz für Freiheit und Demokratie zu identifizieren, halte ich doch für weit hergeholt.

Das zelebrierte Miteinander zwischen den beiden großen Lagern half zunächst, ein Nationalgefühl entstehen zu lassen und sich gegenüber den vier Besatzungsmächten abzugrenzen. Die berühmten drei Worte Figls 1955 vom Balkon des Belvedere lauteten symbolträchtig „Österreich ist frei!" Ja, frei in dem Sinn, dass die Besatzungstruppen noch im selben Jahr abzogen und die Besatzungszonen der Vergangenheit angehörten. Außenpolitisch war Österreich nun „frei" innerhalb der Beschränkungen des Staatsvertrags. Das alles war ein gigantischer Erfolg der Diplomatie der schwarzroten Bundesregierung. Dessen ungeachtet blieb im Inneren die österreichische Demokratie über Jahrzehnte, bis zu den letzten Zuckungen heute, doch ein von Wahl zu Wahl geringfügig veränderter Machtkonsens zwischen SPÖ und ÖVP. Auch heute funktioniert dieser Konsens noch, wenn es um die Besetzung von Posten in der öffentlichen Verwaltung, in staatsnahen Unternehmen etc. geht. Da höre ich immer zuerst die Frage: Ist das einer oder eine von uns?

In der Kreisky-Zeit ist das ein Stück weit aufgebrochen, etwa als der ÖVP-Mann Stephan Koren[21] Präsident der Nationalbank oder der parteilose Rudolf Kirchschläger Außenminister wurde. Kreiskys programmatischer Satz „Wir müssen alle Lebensbereiche mit Demokratie durchfluten" war sicher ein gewaltiger Schritt vorwärts. Aber in der Sozialpartnerschaft und in den Bundesländern wurde das alte Spiel der realen Machtverteilung gespielt wie eh und je.

Unbefriedigend, ja inakzeptabel war diese Situation für all jene, die keiner der beiden großen Parteien angehörten. An der Uni habe ich das direkt erlebt. Als ich 1980 nach Wien berufen wurde, übernahm ich zwei Assistenten von meinem

Vorgänger. Beide waren sehr intelligent und hochqualifiziert. Sie gehörten dem liberalen Flügel der FPÖ an, dem sogenannten „Attersee-Kreis".

Ich habe beide einmal für eine Diskussion im Kautsky-Kreis vorgeschlagen, einem in dieser Zeit wichtigen Thinktank von SPÖ-Ökonomen, der heute in die völlige Bedeutungslosigkeit verschwunden ist. Es ging um Details einer Abgaben- und Steuerreform. Meine Assistenten waren höchst fachkundig, sie hatten zu diesem Thema publiziert. Aber sie wurden von den Proponenten des Kautsky-Kreises nicht eingeladen. Einfach abgelehnt! Ich war schockiert.

Beide sind später habilitiert worden, ihre Beiträge wurden in internationalen Zeitschriften veröffentlicht – aber in den herrschenden österreichischen Verhältnissen hätten sie kaum eine Chance auf eine Professur gehabt. So sind sie dann nach Deutschland gegangen. Und es ist kein Zufall, dass viele Freiheitliche in Berufe strebten, auf deren Personalpolitik der Staat wenig Einfluss hatte: Rechtsanwälte, Notare, Ärzte, etc. Die Kritik der FPÖ am Proporz habe ich immer gut nachvollziehen können.

Womöglich hatte die Große Koalition in den ersten Jahrzehnten nach dem Zweiten Weltkrieg eine gewisse Daseinsberechtigung. Es gab schließlich große Fragen zu lösen wie jene der Verstaatlichung des „deutschen Eigentums". In den Jahren zwischen 1966 und 1986, die weitgehend von ÖVP- und SPÖ-Alleinregierungen geprägt waren, gab es jedoch größere Modernisierungsschritte. Die letzte SPÖ-ÖVP-Koalition, die so etwas wie *Leadership* an den Tag legte, war jene zwischen Kanzler Franz Vranitzky und Vizekanzler Erhard Busek Anfang der neunziger Jahre. Denn die anfangs negative Stimmung in der Bevölkerung zugunsten eines EU-Beitritts zu drehen, das war mit einem unerhörten Einsatz dieser Regierung verbunden.

Heute ist davon nichts mehr zu bemerken. Es gibt die Theorie, dass Institutionen am Ende ihres Lebens dazu neigen, sich besonders aufzuplustern. Das britische Kolonialministerium hatte etwa nie so viele Beamte wie Ende der 1940er-Jahre, als das britische Kolonialreich sich aufzulösen begann. So kommt mir die mittlerweile ohnehin ziemlich klein gewordene Koalition zwischen SPÖ und ÖVP in Österreich vor. Jahrzehntelang hat es geheißen, dass nur Große Koalitionen die großen Probleme des Landes lösen können. So wie sie sich derzeit präsentiert, ist diese Regierungsform jedoch eher das Problem als die Lösung. Wenn man keine gemeinsame Agenda mehr hat und einander offenkundig nicht mehr ausstehen kann, sollte man das Projekt zum Wohle der Allgemeinheit beenden. Und zwar nicht durch Hinwendung zur FPÖ: Diese ist in ihrem Staatsverständnis im 19. Jahrhundert stecken geblieben, beschränkt sich auf die Bedienung primitivster Vorurteile und hat ihre Regierungsuntauglichkeit in Kärnten und im Bund hinlänglich bewiesen. Der burgenländische SPÖ-Landeshauptmann Hans Niessl ist bekanntlich anderer Meinung.[22]

Gemischt ist mein Urteil über die Sozialpartnerschaft, die ein Fixbestandteil dieser Proporz- und Konsensdemokratie war. Die Wirtschaftsverbände waren grosso modo der ÖVP zuzurechnen, die Gewerkschaften der SPÖ. Auf rein wirtschaftspolitischem Gebiet ist Österreich mit diesem institutionalisierten Ausgleich zwischen Arbeitnehmer- und Arbeitgeberverbänden in Summe gut gefahren. Die Sozialpartnerschaft hat über weite Strecken viel Flexibilität bewiesen. Als Ökonom muss man aber natürlich fragen, welchen Sinn Lohn- und Preisabkommen in einer Marktwirtschaft haben. In einem ausgeprägten Konkurrenzsystem ist das nicht sinnvoll – in einer durchkartellisierten Wirtschaft wie nach 1945 hatte Preisregulierung hingegen sehr wohl einen Sinn.

Ist die Sozialpartnerschaft deshalb undemokratisch, weil sie eine Art Nebenregierung ist? Da müsste man etwas weiter ausholen: Interessenausgleich ist ein Wesenselement der Demokratie. Es ist in vielen Bereichen zum Beispiel kaum möglich, etwas gegen den ÖVP-Bauernbund zu beschließen. In meiner Zeit als Grünen-Vorsitzender wurde beispielsweise das Tierschutzgesetz novelliert, es ging im Besonderen um die Nutztierhaltung. Da sagte Landwirtschaftsminister Willi Molterer von der ÖVP zu mir: „Sie müssen dafür sorgen, dass die Nichtregierungsorganisationen an Bord bleiben, ich sorge dafür, dass der Bauernbund ruhig hält." Das war auch eine Art Sozialpartnerschaft, nur eben modernerer Prägung – zwischen den Tierhaltern und den Tierschützern.

Bis auch ich selbst in politisch gestalterischen Positionen war, dauerte es noch Jahrzehnte. Es brauchte dafür eine Erweckung, eine Ernüchterung und eine geschickt eingefädelte Intrige.

11   Politische Anfänge

Eine meiner frühesten Erinnerungen an ein weltpolitisches Ereignis ist die Schlacht bei Dien Bien Phu, die im Mai 1954 mit einer vernichtenden Niederlage der Franzosen gegen die vietnamesische Unabhängigkeitsbewegung endete. Ich blies auf dem Heimweg von der Schule in einen verblühenden Löwenzahn und stellte mir vor, die verfliegenden Samen wären französische Fallschirmspringer in Vietnam. Mein Interesse an Politik war als Schüler aber sonst wenig ausgeprägt.[23]

Welche Wucht politische Ereignisse haben können, welche unmittelbare Auswirkungen auf das konkrete Leben Einzelner, wurde mir zunächst weniger anhand der Lebensgeschichte meiner Eltern, sondern eher an aktuellen

Geschehnissen klar: Der Staatsvertrag 1955, vor allem aber der Abzug der sowjetischen Truppen, wurde in der Familie gefeiert. Mein Vater konnte endlich von seinem Büro in der Linzer Spittelwiese über die Donaubrücke nach Urfahr spazieren, das in der sowjetischen Besatzungszone gelegen war. Ein Jahr später, 1956, starb meine Großmutter kurz nach dem Aufstand in Budapest, den sie noch intensiv mitverfolgt hatte.

Und 1968 hatte mich, wie schon ausgeführt, in dem Sinn aktiviert und politisiert, als ich erstmals begriff, dass es noch etwas anderes gab als die herrschenden Verhältnisse der österreichischen ÖVP-Alleinregierung. Plötzlich schien es der Mühe wert, sich zu engagieren. Es war eine Art Erweckungserlebnis.

Irgendwann wurde die SPÖ auf den jungen Revoluzzer an der Uni Innsbruck aufmerksam. Professor Andreae, nach allen Richtungen bestens vernetzt, vermittelte mir 1970 den Auftrag zu einem kleinen Gutachten für den neuen Finanzminister Hannes Androsch über die Einführung der Mehrwertsteuer in Norwegen, womit ich einen Aufenthalt an der Summer School der Universität Oslo finanzieren konnte.

Mitte der siebziger Jahre trat ich dann der SPÖ bei, was weder für mich noch für die Partei von herausragender Bedeutung war. Immerhin war ich über viele Jahre Mitglied einer Arbeitsgruppe des Beirats für Wirtschafts- und Sozialfragen, der Sachthemen im Vorfeld der Politik wissenschaftlich aufbereitete, unter anderem über Budgetprognosen und Subventionsabbau. Doch schon nach wenigen Jahren begann meine Entfremdung, insbesondere nach Hainburg 1984.

In diesen Jahren hatte ich einen guten Kontakt zur Leitung der Verbundgesellschaft aufgebaut, die für die Errichtung des Kraftwerks in der Stopfenreuther Au bei Hainburg zuständig war. Nicht zuletzt durch diesen Kontakt wurde mir klar, dass die SPÖ den Kern der Auseinandersetzung überhaupt nicht verstand. Ebenso wie es die ÖVP 16 Jahre davor nicht begriffen hatte, dass es bei den Studentenunruhen um mehr als um aufmüpfige junge Menschen ging, so verkannten nun die Sozialisten die Zeichen der Zeit. Nach meiner Wahrnehmung vertraten die damaligen Eliten fast durchgängig die Meinung, in der Au befänden sich ausschließlich irregeleitete Töchter und Söhne wohlhabender Menschen, die dort die Jagd von *Krone*-Herausgeber Hans Dichand verteidigen. Dabei wusste niemand, ob Dichand dort überhaupt eine Jagd besaß.

In einer Radiosendung hörte ich den späteren Sozialminister Josef Hesoun, damals Chef der mächtigen Bau-Holz-Gewerkschaft, wie er die Räumung der Au mit allen Mitteln forderte – in einem Ton, der mich eher an das Argentinien unter Perón erinnerte, von wegen: „Dann müssen wir die Sache eben selbst in die Hand nehmen." Auf ein ähnliches fundamentales Missverständnis der Vorgänge lässt der berühmte Spruch von Anton Benya schließen, dem damaligen Chef des Österreichischen Gewerkschaftsbundes (ÖGB). Ihm war erklärt worden, dass diese jungen Menschen in Hainburg für den Erhalt der Biodiversität kämpften. Seine Reaktion: „Was, für die Gelsen?" Die SPÖ *begriff* es also schlicht nicht, dass nach den Wiederaufbaujahren und dem Wachstumsmantra sich die Bedürfnispyramide der Gesellschaft zu ändern begann. Dass Bundeskanzler Sinowatz dann die Reißleine zog, war im Rückblick sehr weise.

Ich selbst betrachtete die Geschehnisse lediglich aus der Distanz. Erst Mitte der neunziger Jahre bin ich das erste Mal in die berühmte Stopfenreuther Au gekommen, in der Günther Nenning, Freda Meissner-Blau & Co. ihre legendären Auftritte hatten. 1984 desillusionierte mich aber endgültig, was die SPÖ und ihre Erneuerungskraft betrifft. Es ist wohl kein Zufall, dass viele, die 1968 politisch sensibilisiert worden waren, sich in diesen Jahren endgültig von den traditionellen politischen Parteien abwandten bzw. an neu entstehende Bewegungen andockten. In Deutschland traten die ehemaligen „Straßenkämpfer" Joschka Fischer und Daniel Cohn-Bendit den Grünen bei, in Österreich ließ Meissner-Blau sich 1986 als Kandidatin für die Grünbewegung bei den Präsidentschaftswahlen aufstellen. Auch war sie, wie ich erst viel später erfahren habe, im Mai 1968 in Paris und dort Teil einer Frauengruppe namens *Psychologie et Politique* gewesen.[24]

Schon ein Jahr vor Hainburg hatte sich, ohne dass mir das bewusst war, etwas Entscheidendes ereignet. Ein junger Mann war in meiner Sprechstunde am Uni-Institut in der Wiener Liechtensteinstraße erschienen und hatte mich überredet, die Leitung für ein Forschungsprojekt zu übernehmen. Es ging um die ökonomischen Perspektiven der österreichischen Rüstungsindustrie. Die Finanzierung kam im Wesentlichen aus dem Wissenschaftsministerium, das damals vom heutigen Bundespräsidenten Heinz Fischer geführt wurde.

Zwischenzeitlich bekam die SPÖ offenbar kalte Füße und versuchte das Projekt abzudrehen – die Verstaatlichte Industrie war immerhin Österreichs größter Rüstungsproduzent. Und die Ergebnisse der Studie haben naturgemäß höchsten Unwillen erweckt, sowohl auf SPÖ- als auch auf ÖVP-Seite: Wir erachteten die wirtschaftlichen Aussichten der österreichischen Rüstungswirtschaft als verheerend.

Der junge Mann, der die Idee mit dem Forschungsprojekt an mich herantrug, war Peter Pilz. Von ihm habe ich in dieser Zeit viel in Sachen Medienarbeit gelernt, über das, was man auf Pressekonferenzen sagt und was nicht – und auch, wie das System darauf reagiert. Schon binnen kürzester Zeit meldete sich ein hochrangiger SPÖ-Funktionär telefonisch bei mir und sagte kurz angebunden: „Du, ist der Pilz ein Spion? Und selbst, wenn er keiner ist: Es könnte nicht schlimmer sein! Freundschaft!" Und legte auf.

Von Josef Cap, dem Parade-Jungsozialisten und späteren langjährigen SPÖ-Klubobmann im Parlament, der im Wahlkampf 1983 noch meine Vorzugsstimme bekommen hatte, habe ich mich dann ebenfalls sukzessive entfremdet. Cap war einer derjenigen, mit denen beim Thema Zuwanderung und Umgang mit Ausländern gar nichts ging, Stichwort: „Das Boot ist voll." (Cap hat immer bestritten, je einen solchen Satz gesagt zu haben). Diese zwei Politikbereiche waren mir aber immer sehr wichtig: die ökologischen Fragen und die Menschenrechte. Im Lauf der Zeit bin ich darauf gekommen, dass die grünen Inhalte genau das sind, was ich gerne vertrete, ohne je das grüne Parteiprogramm studiert zu haben. Ich bin dann nicht aus der SPÖ ausgetreten, sondern bekam gegen Ende der achtziger Jahre ein Schreiben der SPÖ mit der gestempelten Unterschrift des Parteivorsitzenden Franz Vranitzky, in dem bedauert wurde, dass ich nicht mehr Mitglied bin – offenbar wegen nicht bezahlter Beiträge. Eine Kundenrückholungsaktion modernen Zuschnitts sieht anders aus. Es war aber auch nicht unangenehm, aus der Mitverantwortung für die damalige SPÖ-Politik entlassen zu werden.

Pilz zog 1986 für die Grünen in den Nationalrat ein. 1992 stellte er auch den Kontakt zum Grünen Klub her, als es darum ging, Alternativkandidaten für die Wahl des Rechnungshofpräsidenten im Parlament aufzustellen. Und 1993, als Pilz Wiener Landtagsabgeordneter war, rief er mich an. Im *profil* würde womöglich demnächst über eine grüne Nationalratskandidatur von mir spekuliert, sagte er. Ich durchschaute sein Manöver nicht und reagierte naiv: „Wieso, was soll das?" Das Kalkül hinter Pilz' Intrige ging auf, die inszenierte Spekulation im *profil* erschien, und dann ging es sehr schnell. Ende 1993 wurde ich zum Kandidaten gewählt, obwohl ich zu diesem Zeitpunkt bereits Befürworter des EU-Beitritts war, während die Grünen dagegen waren. 1994 zog ich in den Nationalrat ein. Da rund die Hälfte von uns aus der SPÖ kamen, galten wir als Renegaten. Ich erinnere mich, dass in den ersten Tagen Heinz Fischer einmal zu mir herkam und nur sagte: „Du Lauser, du!" Ich war damals 50 Jahre alt.

Im Parlament fand ich prompt eine außerordentlich interessante Konstellation vor, da sich eben erst das Liberale Forum (LIF) unter Heide Schmidt von der FPÖ abgespalten hatte. Und ich selbst galt mit vielen meiner marktwirtschaftlich inspirierten Positionen, jedenfalls aus grüner Perspektive, ebenfalls als Liberaler.

12 Liberale in der Politik

In einem Land, in dem liberale Ideen prinzipiell als verdächtig galten, war es stets besonders schwer, eingeübte Handelsmuster und Strukturen aufzubrechen. Anders als in Deutschland wurde der politische Liberalismus in Österreich vielleicht auch deshalb erst sehr spät in Parteiform gegossen. Liberale dockten einmal dort, einmal da an.

Unmittelbar nach dem Ersten Weltkrieg hatte es an der Schnittstelle zwischen Wissenschaft und Politik durchaus einflussreiche Leitfiguren mit liberalen Ansätzen gegeben. In der 1919 angelobten zweiten Regierung von Kanzler Karl Renner saß etwa Joseph Schumpeter, der große Nationalökonom.

Das weit verbreitete Narrativ, dass das „Rote Wien" mit seinen sozialen Wohnbauten und groß angelegten Bildungsprogrammen für die Arbeiterschaft, mit seiner fortschrittlichen Sozial- und Gesundheitspolitik eine Art Hochburg der Modernität und Liberalität war, ist zuletzt aber zurechtgerückt worden. Der junge US-Politologe Janek Wasserman hat herausgearbeitet, dass die akademischen Hochburgen, etwa die Universitäten des Bundes, in der Zwischenkriegszeit fest in konservativer Hand waren, und dass viele führende Intellektuelle im Gegenteil Proponenten eines Schwarzen Wien waren: antidemokratisch, antisemitisch, präfaschistisch[25] .

Der Siegeszug des politischen Rechtskatholizismus in den dreißiger Jahren war vor diesem Hintergrund nicht überraschend. In katholischen Kreisen galt Liberalismus lange Zeit als Teufelszeug. Dazu muss man sich nur mit der Enzyklika *Quadragesimo Anno* von Papst Pius XI. aus dem Jahr 1931 befassen, die auch dem Dollfuß-Regime und dessen Ständestaat ideologisch vorarbeitete.[26]

An diese Geisteshaltung wurde nach dem Zweiten Weltkrieg nahtlos angeknüpft. Zum Beispiel an den Universitäten: Heinrich Drimmel, von 1954 bis 1964 ÖVP-Unterrichtsminister, war 1934 unter Dollfuß „Sachwalter der Hochschülerschaft in Österreich". Auch jener Sektionschef im Unterrichtsministerium, der im Austrofaschismus für die „Verchristlichung" der Universitäten zuständig gewesen war – Zielscheibe waren unter anderem Personen mit sozialistischen Überzeugungen, darunter auch der junge Bruno Kreisky[27] –, blieb nach 1945 unbehelligt im Amt und sorgte dafür, dass die Entnazifizierung glimpflich ausfiel und Remigranten unerwünscht blieben.[28] Und ich kann mich gut erinnern, wie das bis weit in die sechziger Jahre hinein funktioniert hat.[29]

Erst in den siebziger Jahren, nach dem Aufbruch 1968, wurden einige Parteien in manchen Themenbereichen, also selektiv, liberal, etwa bei Kultur, Bildung und Frauenrechten. Unter Kreisky wurden binnen weniger Jahre die Entkriminalisierung der Homosexualität, die Fristenlösung und die Strafrechtsreform durchgesetzt. Hannes Androsch war, was kaum beachtet wird, steuerpolitisch ein großer Vorkämpfer für die Frauenemanzipation. Denn seine Einkommensteuerreform aus 1973 führte flächendeckend die Individualbesteuerung ein; zuvor hatte es die Haushaltsbesteuerung gegeben.

Damit wurden Frauen zur Berufstätigkeit steuerlich ermutigt und waren weniger von ihren Männern abhängig.

Aber einen Liberalismus als gesamthaftes Weltbild gab es in der österreichischen Politik nicht, und auf dem Gebiet der Ökonomie blieb Liberalismus bis zur Verstaatlichtenkrise Mitte der achtziger Jahre ein zartes Pflänzchen.

Mit der Abspaltung des LIF von der FPÖ 1993 bekam der politische Liberalismus erstmals seit den 1870er Jahren, als Wien mit Cajetan Felder einen bemerkenswerten Bürgermeister dieser Partei hatte, wieder Gewicht, wenn auch ein bescheidenes. Ich zog kurz darauf für die Grünen ins Parlament ein, und in unseren besten Zeiten ergänzten wir uns auch. Namentlich der Bauunternehmer Hans Peter Haselsteiner, der für das LIF im Nationalrat saß, und ich wiesen eine beträchtliche Schnittmenge unserer wirtschaftspolitischen Reden auf.

Dass mich einige Journalisten nach den Nationalratswahlen 1999, bei denen ich erstmals als Spitzenkandidat angetreten war und die Heide-Schmidt-Partei den Einzug ins Parlament knapp verpasste, als „Mörder des Liberalen Forums" titulierten, finde ich jedoch bis heute nicht gerechtfertigt. Denn in meiner Erinnerung haben sich die Liberalen damals eben nicht mit aller Vehemenz auf jenes Thema geworfen, das naheliegend gewesen wäre: die tödliche Abschiebung des nigerianischen Asylwerbers Marcus Omofuma, ein klassisches Menschenrechtsthema. Das LIF hat sich damals auf Nebenschauplätzen verzettelt und nicht auf den Kampf für die liberalen Grundfreiheiten konzentriert.

Auch die junge Partei NEOS, die 2013 in den Nationalrat eingezogen ist und deren Unterstützer Haselsteiner heute ist, begeht vorläufig die alten Fehler und lässt wenige Fettnäpfchen aus, in die nicht auch schon das Liberale Forum getreten ist. Was bei Heide Schmidt die Kreuze in den Klassenzimmern waren, das ist bei einzelnen NEOs-Vertretern jetzt eine Religionskritik, die im Kern Religiosität lächerlich macht. Die Anbetung der Gottheit eines „fliegenden Spaghettimonsters" lässt ein Mindestgefühl an Takt vermissen.

Haselsteiner hat Anfang 2015 in einem Interview mit dem deutschen *Handelsblatt* gemeint, der Liberalismus als „mit Abstand schwierigstes und anspruchsvollstes Lager" in der Politik habe es gerade in krisenhaften Zeiten extrem schwer. Wem permanent die Angst vor sozialem Abstieg oder vor unberechenbaren Gefahren von außen im Nacken sitzt, dem erscheinen Werte wie Selbstbestimmung und Eigenverantwortung als etwas durchaus Abstraktes. Da ist etwas Wahres dran. (Allerdings würde ich Liberalismus nicht als „Lager" bezeichnen). Liberalismus will sich nicht nur für die Freiheit des Individuums einsetzen, sondern braucht seinerseits Sicherheit und Freiheit, um sich entwickeln zu können.

Innerhalb der Grünen hat es eines längeren Prozesses bedurft, bis liberale Denkweisen nicht nur in der Kultur- und Gesellschaftspolitik, sondern auch im Kernthema Ökologie mehrheitsfähig waren. Die Vorstellung, dass man umweltschädliches Verhalten nicht automatisch über Ge- und Verbote regeln muss, sondern auch marktwirtschaftliche Instrumente wie zum Beispiel Steuern verwenden kann, war Anfang der neunziger Jahre bei den Grünen noch nicht populär. In meiner Zeit als Bundessprecher ist es dennoch gelungen, ein Steuermodell vorzulegen, das im Groben eine Erhöhung der Steuern auf Energie und eine Senkung der Steuern auf Arbeit vorsah. Das war ein erheblicher Fortschritt im Vergleich zu den grünen Positionen in den achtziger Jahren.

Auch für eine bessere Immigrationspolitik haben wir neue Allianzen geschmiedet: Zum einen waren es natürlich die Caritas und die Evangelische Diakonie, zu denen wir den Kontakt gesucht haben – auf der anderen Seite aber eher die

Industriellenvereinigung und nicht die Arbeiterkammer und die Gewerkschaften. Das stellte eine Öffnung hin zu den Regelungsmechanismen der Wirtschaft bei einem Thema dar, das bis dahin vor allem gesellschaftspolitisch betrachtet worden war.

Die Schnittmenge an klassisch liberalen und klassisch „grünen" Themen hat mich immer interessiert. Denn als ökologisch interessierter Ökonom mit liberalen Neigungen läuft man Gefahr, ständig zwischen den Stühlen zu sitzen. Ein Projekt wie jenes der Grünliberalen Partei in der Schweiz verfolge ich mit Neugier.

Dabei ist es ein grobes Vorurteil, dass Ökonomen politisch konservativ, sozialpolitisch taub und umweltpolitisch blind sind, zum Neoliberalismus neigen, nur an den Eigennutz denken und die ökologischen Langfristfolgen außer Acht lassen. Das trifft womöglich auf viele Manager, Betriebswirte und Ingenieure zu, die dazu neigen, alles Machbare automatisch für etwas Gutes zu halten. Die Volkswirte aber lernen in der Theorie des Marktversagens, dass der sich selbst überlassene Markt nur unter sehr restriktiven Bedingungen zu einem Optimum tendiert, Bedingungen, die in der Realität nie erfüllt sind. Auch Liberalkonservative wie etwa Erich W. Streissler, ein bedeutender Ökonom an der Universität Wien, würden daher sofort einräumen, dass der Markt weder die soziale Frage löst noch Umweltschäden verhindert, von der Deponie mit giftigen Altlasten bis zum anthropogenen Treibhauseffekt. Nebenbei: Der Markt belohnt nur Leistung, die nachgefragt wird, und nicht Leistung schlechthin. Wenn man Pech hat, wird eine großartige Lebensleistung nicht während der eigenen Lebenszeit großartig belohnt; Mozart oder Schubert könnten Lieder davon singen.

Dennoch war natürlich auch ich bei meinen grünen Freunden mit etlichen meiner Ansichten nicht mehrheitsfähig.

Eine Kernfrage für mich lautet dabei: Wo sind Verbote und Gebote sinnvoll, und wo funktionieren Selbstregulative oder andere Mechanismen genauso gut oder sogar besser – und mit dem Vorteil, dass sie die individuelle Freiheit nicht strangulieren?

13 Puritanismus

Rauchen ist eine Sucht und ein Laster. Ich weiß, dass es gesundheitsschädlich ist, und rate jedem ab, es nachzuahmen. Aber bisher habe ich es überlebt. Und mit gesundheitspolitischen Anmaßungen möge man mich in Ruhe lassen.

Gefährliches Verhalten sollte Erwachsenen erlaubt sein, solange es andere nicht gefährdet. Bergsteigen oder Motocross-Fahren oder Skitourengehen sind ja auch nicht verboten. Ist es nicht einzig meine Sache, ob ich mich durchs Rauchen zugrunde richte oder nicht? Wenn ich auf einen Berg gehe und bin dann ganz allein beim Gipfelkreuz, rundum kreisen nur die Dohlen, dann ist es meine freie Entscheidung, ob ich mir eine Zigarette anzünde. Vielleicht eine irrationale und zu missbilligende, aber immer noch eine höchstpersönliche Entscheidung. So habe ich es vor 20 Jahren in einer Rede im Parlament formuliert, es ging um eine Novellierung des Rauchergesetzes. Ich würde das heute noch immer so formulieren.

Natürlich sehe ich ein, dass Nichtraucher durch Raucher belästigt werden. Für die Arbeit an diesem Buch etwa habe ich im (Irr-)Glauben, dass Rauchen die Konzentration fördert, mehr Zigaretten als sonst konsumiert. Wobei mich, nebenbei bemerkt, immer wieder wundert, dass die Technik des 21. Jahrhunderts es noch nicht geschafft hat, effiziente Entlüftungsanlagen zu installieren, nicht im Kaffeehaus und schon gar nicht in Flughäfen.

Ich kann mich jedoch des Eindrucks nicht erwehren, dass hinter dem gepredigten Nichtraucherschutz oft eine puritanische Grundhaltung US-amerikanischer Prägung steckt – nicht ganz so schlimm wie zu Zeiten der Prohibition in den 1920er Jahren, aber tendenziell ähnlich. Diese Sittenstrenge zeigt sich in den USA auch heute etwa im Umgang mit öffentlichem Alkoholkonsum und Sexualität. Und sie scheint ein, global betrachtet, erfolgreicher amerikanischer Exportartikel zu sein.

Dass ich auf Zigarettenpackungen jedes Mal daran erinnert werde, dass Rauchen tödlich sein kann – okay. Aber für einen Übergriff halte ich zum Beispiel die Packungen in Thailand, mit scheußlichen, grauenhaften Fotos von verfaulten Zähnen, abgestorbenen Lungen usw., es ist ja oft nicht einmal mehr erkennbar, was das sein soll. Das halte ich für einen Eingriff in meine Privatsphäre – mich zu zwingen, eine Hülle zu kaufen, in die ich die Packung stecke, nur um die Ekel erregenden Bilder nicht sehen zu müssen. Auch die Nichtraucher, sollte man meinen, vergnügen sich doch nicht an solchen Bildern.

Übertragen wir das Ganze einmal auf die Volksdroge Nummer eins. Angesichts von rund 350.000 Alkoholkranken in Österreich könnte die Gesundheitsministerin argumentieren, dass die Abschreckungs- und Verbotshebel bei Bier, Wein oder Schnaps sinnvoller angesetzt wären als bei Tabak. Dennoch wird der Verkauf von Alkohol in Österreich, das Verbot für Jugendliche unter 16 Jahren ausgenommen, liberal gehandhabt. Gut so! Lassen wir uns den Genuss eines Veltliners oder eines Kriecherls nach dem Schweinsbraten nicht verderben – und bleiben wir wachsam. Früher oder später kommt sicher ein Gesundheitsapostel auf die Idee, auf jede Flasche Wein müsse das Bild einer verdorrten Leber gepickt werden. Im Frühjahr 2015 gingen Meldungen durch die Zeitungen, das EU-Parlament erwäge Warnhinweise dieser Art. Solche Attacken auf ein gutes Leben mündiger Bürgerinnen und Bürger gehören im Keim erstickt; die Medien blieben allerdings verdächtig ruhig.

Ich frage mich öfter: Was wird den Puritanern als nächstes einfallen? *What's next*? Die Menschen nach ihrem Body-Mass-Index zu besteuern, weil laut OECD Fettleibigkeit statistisch die Hauptursache für verkürzte Lebenserwartung ist, noch vor Alkohol und Nikotin? Oder Werbung mit halbentkleideten Damen verbieten?

Kaum hab ich's hingeschrieben, werde ich von der Realität doppelt überholt. In Österreich wird um die Jahresmitte 2015 ministeriell erwogen, weiblichen Models einen Mindestwert des Body-Mass-Index vorzuschreiben. Sie dürfen nicht zu dünn sein. Welcher Beamte, welche Kommission, welche Behörde wird darüber entscheiden?[30] Und das Bezirksparlament Berlin-Kreuzberg hat mit grün-roter Mehrheit (sorry!) beschlossen, sexistische und frauenfeindliche Werbung zu verbieten. Ich schließe mich Günter Klinger an: „Das ist eh lieb. Ich meine, kein halbwegs vernünftiger Mensch ist für sexistische, frauenfeindliche Werbung. Der Hund liegt aber in der Durchführung begraben. Was ist ‚frauenfeindliche Werbung‘? Darüber urteilt eine Arbeitsgruppe.“[31]

Die Arbeitsgruppe – de facto eine Zensurkommission – hat befunden: Abgebildete Frauen dürfen u.a. nicht „körperbetont“ gekleidet sein, sie dürfen auch nicht „ohne Anlass lächeln“ oder als „dumm“ oder „naiv“ dargestellt werden. Dazu schreibt Harald Martenstein: „Wenn in Kreuzberg ein naiver Mensch auf einem Plakat zu sehen ist, dann muss es sich um einen Mann handeln, sonst gibt es Probleme … Besonders schade fände ich es, wenn anlassloses Lächeln verboten wird. Ich freue mich immer, wenn jemand mich anlächelt, egal, was die Person anhat. Das ist doch schön. Jedes Verbot einer schönen Sache ist wie ein kleiner Tod. Und wie wollen die eigentlich herausfinden, ob das Lächeln nicht vielleicht doch einen Anlass hat? Vielleicht denkt die Frau auf dem Plakat gerade an das Bezirksamt Friedrichshain-Kreuzberg." – Und weiter, nun bitterernst: „Früher sind solche Verbotsforderungen von der katholischen Kirche gekommen. Da ging es auch oft um Sitte und Anstand ... Der Unterschied zu damals besteht darin, dass damals fast alle Intellektuellen die Freiheit verteidigt haben, einschließlich der Freiheit, dumm zu sein und sich dabei fotografieren zu lassen. Sie wollen das Lächeln verbieten? Für mich klingt das nach George Orwell, 1984."[32] Ja nun, so ernst muss man die Kreuzberger nicht nehmen. Und die Intellektuellen werden sie auch nicht vereinnahmen. Hoffe ich. Staatliche Zensurbehörden waren bei diesen noch selten beliebt.

Offenkundig gibt es nicht nur einzelne Leute, sondern ganze Gruppen, die sich durch Plakate mit mehr oder weniger entblößten Frauen beleidigt fühlen. Vielleicht fehlt das Pendant: entblößte Männer. Ich hätte gedacht: *It's a free country!* Man sollte sexuelle Anspielungen und erotische Chiffren unter Erwachsenen nicht so ernst nehmen.

Verbote im Bereich der NS-Symbolik halte ich hingegen für richtig. Das Verwenden von SS-Runen oder der Hitler-Chiffre „88" ist nicht bloß extrem geschmacklos, sondern eine gefährliche Drohung. Dass das Nazi-Regime verbrecherisch war und Mördern freie Hand gab, ist wohl hinreichend bekannt. Auch in der Frage, ob man Hitlers *Mein Kampf* neu auflegen dürfen soll oder ob das Wiederbetätigung im Sinne des Gesetzes ist, tendiere ich zum Letzteren. Doch ein Couleurverbot für Studierende aus Studentenverbindungen, wie es die Österreichische Hochschülerschaft an der Uni Wien im Herbst 2014 festschreiben wollte, halte ich für verkehrt: Was kommt als nächstes? Das Kopftuch?

Grundsätzlich sollte man auch Bücher von Kriminellen lesen dürfen.[33] Dass die Werke des französischen Aristokraten Marquis de Sade frei erhältlich sind, finde ich folglich richtig. De Sade war tatsächlich ein Verbrecher, der mehrfach zu Gefängnisstrafen verurteilt wurde und 1814 schließlich in der Irrenanstalt Charenton starb. Aber warum nicht die Werke eines solchen Autors lesen, welchen Inhalts sie auch immer sind? Selbst Sadomaso-Spiele sind nicht verboten, solange es Einvernehmen zwischen den Beteiligten gibt.

Im Umgang mit sogenannter „anrüchiger" Literatur hat das strenge Moralisieren übrigens meiner Erfahrung nach abgenommen. Als ich ungefähr 18 Jahre alt war, wollte ich *Lady Chatterley's Lover* von D. H. Lawrence kaufen – dieses bereits 1928 erschienene Buch stand 1960 in Großbritannien buchstäblich vor Gericht, weil es wegen der darin enthaltenen sexuellen Schilderungen angeblich gegen den *Obscene Publications Act* verstieß. In der Buchhandlung wurde mein Ansinnen mit einem misstrauischen Blick quittiert, das Buch wurde verstohlen unter der Theke hervorgeholt und mir eher missbilligend verkauft. Das wäre im Zeitalter von *Fifty Shades of Grey* unvorstellbar, und mit den E-Book-Lesegeräten kann die Konfrontation an der Theke ohnehin umgangen werden.

Mein Exemplar von Jean Genets *Querelle*, erschienen Ende 1965 bei Rowohlt, enthält im Impressum folgende bemerkenswerte Sätze: „Der Eigentümer dieses Buches hat sich verpflichtet, den Band verschlossen aufzubewahren und Jugendlichen nicht zugänglich zu machen. Er wird den Band außerdem weder privat noch gewerblich ausleihen." Genet war in seinem Leben dreizehn Mal zu Gefängnis verurteilt worden. Für Jean-Paul Sartre, Jean Cocteau und viele andere war er durch *Notre-Dame-des-Fleurs* (1951), *Querelle* (im Original 1953) und seine Theaterstücke ein großer Dichter.

Dem Rowohlt Verlag schien es noch 1965 angezeigt, dem „Bucheigentümer" – Frauen scheinen von Vornherein nicht als Käuferinnen in Frage gekommen zu sein – die obige Pseudo-Verpflichtung aufzunötigen; eine amüsante Absurdität, denn deren Einhaltung konnte niemand kontrollieren. Auch Henry Millers Romane waren, zumindest in Innsbruck, lange Zeit praktisch nicht erhältlich – dabei sind seine Bücher, insbesondere die langen wie *Wendekreis des Steinbocks*, ausgesprochen langweilig (*Stille Tage in Clichy* dagegen nicht). Und selbst wenn es pornografische Literatur wäre, wie damals behauptet wurde: Das geht doch die anderen einen Schmarr'n an, ebenso wie mein einsames Rauchen unterm Gipfelkreuz. Wenn ich zu Hause im Lehnstuhl sitze und ein Buch lese, wen hat das zu kümmern – außer mich selbst?

14 Sicherheit, Korruption, Grasser

„Wer die Freiheit aufgibt, um Sicherheit zu gewinnen, wird am Ende beides verlieren", mit diesem Satz wird Benjamin Franklin gerne zitiert.[34] Ich sehe das differenzierter: Natürlich müssen Freiheitsgrade geopfert werden, wenn das Bedürfnis der Gesellschaft und Einzelner nach Sicherheit gestillt werden soll. Das hat aber noch längst nichts mit einer freiheitsfeindlichen, eifernden Grundhaltung zu tun.

In einem früheren Buch[35] habe ich die Auffassung vertreten, die vornehmste Aufgabe der Politik sei es, den Menschen Sicherheit zu vermitteln – damit sie im System des anarchischen Marktes reüssieren können. Der Sicherheitsbegriff wird leider im politischen Kontext mehr und mehr fast synonym mit *law and order* verbunden, mit Kriminalitätsbekämpfung, mit Schutz vor Angriffen auf Leib und Eigentum. Das ist FPÖ- und SPÖ-Gelände, auch die ÖVP-Innenminister haben in den letzten Jahren dahingehend keine einschlägige Parole ausgelassen.

Doch ich habe mich stets dafür stark gemacht, den Begriff nicht alleine den Rechten zu überlassen. Es gibt viele Erweiterungen von „Sicherheit", die anders gelagert und weniger umstritten sind, „soziale Sicherheit" oder „ökologische Sicherheit" zum Beispiel. Auch das Funktionieren der tagtäglichen Infrastruktur hat viel mit einem Sicherheitsbegriff modernen Zuschnitts zu tun: Ich will nicht nur durch die Nacht kommen, ohne angegriffen zu werden, sondern mir auch untertags sicher sein, dass alle paar Minuten die U-Bahn fährt. Das ist in einer funktionierenden Stadt Teil von Lebensqualität.

Von herausragender ökonomischer Bedeutung ist die Rechtssicherheit. Wenn ich einen Vertrag abschließe und im Fall des Vertragsbruchs die Möglichkeit habe, ihn einzuklagen und vor Gericht eine faire Chance zu bekommen, dann erleichtert das die Wirtschaftstätigkeit ganz erheblich. Korruption ist das Gegenteil davon. Sie erodiert das Vertrauen in Staatsorgane und dämpft Innovationswilligkeit und -fähigkeit von Unternehmen.

In der Praxis stellt die Globalisierung viele Unternehmen dabei vor neue, schwierige Fragen. Viele Exporteure haben in den letzten Jahrzehnten die Erfahrung gemacht, dass Korruption in manchen Weltgegenden ein fixer Bestandteil des politischen und wirtschaftlichen Systems ist. Wie soll man damit umgehen? Auf Märkte verzichten und das Feld den Mitbewerbern mit niedrigeren Standards überlassen? Der Kampf gegen Bestechung und Korruption im grenzüberschreitenden Geschäft intensiviert sich, aber das ist relativ neu. Bis 1999 konnten in Österreich Bestechungszahlungen im Ausland, also bei Exportgeschäften, als Betriebsausgaben steuermindernd geltend gemacht werden. 41 Staaten haben die Anti-Korruptions-Konvention der OECD unterschrieben, aber rund die Hälfte davon sind säumig in der Verhängung entsprechender Sanktionen. Immerhin, die Siemens-Gruppe hat seit 2008 rund 2,5 Milliarden Euro an Schmiergeld-bezogenen Strafgeldern und Kosten aufgewendet; ihre Compliance-Abteilung ist von einer Handvoll auf 400 Personen explodiert.[36]

Die Zeitschrift *Economist* hat vor einigen Jahren den Unterschied zwischen arabischer und russischer Korruption so beschrieben: In Saudi-Arabien könne ich mich, wenn ich das Schmiergeld einmal bezahlt habe, immerhin darauf verlassen, dass es stabile Mittelsmänner gibt und die Bestochenen am Ende auch liefern werden. In Russland hingegen könne ich bestechen, wen ich will – und habe noch immer keine Garantie, dass ich je auch eine Gegenleistung dafür erhalten werde. Da hört der Spaß dann wirklich auf ...

Vor langen Jahren hörte ich folgende Wiener Geschichte (*se non è vero è ben trovato*): Zwei Beamte in der Hochbausektion des damaligen Bautenministeriums, nennen wir sie Mayer und Müller, trafen auf unterschiedliche Weise Entscheidungen. Es ging dabei jeweils um akut aufgetretene Probleme in der Bauphase, die nur mit Hilfe des jeweiligen Beamten gelöst werden konnten. Mayer entschied rasch, nachdem ein Kuvert mit damals 5.000 Schilling den Besitzer gewechselt hatte; das Problem war gelöst und der Bau ging weiter. Müller war absolut unbestechlich, entschied aber nichts, sondern reichte das Problem in der Hierarchie nach oben weiter. Schon stand der Bau zwei Monate still, mit erheblichen Mehrkosten.

In einer unvollkommenen „zweitbesten" Welt würde das Bauunternehmen, ebenso wie der Steuerzahler, den Typus der saudi-arabischen Korruption der russischen vorziehen, und analog den Mayer dem Müller. Natürlich wünschen wir uns eine erstbeste Welt, ohne Korruption und mit Beamten, die frei, rasch und effizient entscheiden können und unbestechlich sind. Aber diese Welt fällt nicht vom Himmel.

In der Nachbetrachtung der Jahre 2000 bis 2006, der Zeit der schwarz-blauen Koalition in Österreich, ist politische Korruption in einer Dichte sichtbar geworden, wie sie mir kaum vorstellbar schien. In der Öffentlichkeit wird das Thema stark mit dem Namen Karl-Heinz Grasser verknüpft. Selbstverständlich gilt die Unschuldsvermutung.

Grasser war ursprünglich Mitglied der legendären „Buberl-Partie" von Jörg Haider, ebenso wie Gernot Rumpold, Peter Westenthaler und Walter Meischberger. Auch gegen Rumpold und Meischberger laufen Verfahren. Von Grasser, der mit 31 Jahren Finanzminister der im Jahr 2000 gebildeten ÖVP-FPÖ-Regierung wurde, war ich anfangs durchaus angetan. Wenn er wollte, hatte er Charme, und er wirkte durchaus intelligent. In einigen Punkten hat er mich an den Hannes Androsch des Jahres 1970 erinnert, der als junger roter Finanzminister in ein durch und durch schwarzes Ministerium gekommen war – und dem es in ganz kurzer Zeit gelungen war, die Spitzenbeamten des Hauses für sich zu gewinnen. Das gelang auch Grasser mit den nun roten Sektionschefs, mit Ausnahme des Präsidialchefs, der das Feld räumte.

Grasser hatte durchaus Fähigkeiten: Fast unbemerkt von der Öffentlichkeit hat er etwa eine große Reform der Finanzämter durchgezogen. Aber es hat nicht lange gedauert, bis klar war, dass Welten, ja Abgründe zwischen Androsch und Grasser liegen. Androsch war als Steuerberater vom Fach gewesen und wusste auch von volkswirtschaftlichen Zusammenhängen. Grasser legte hingegen bald die Mentalität eines Gebrauchtwagenhändlers an den Tag: schnell rein, schnell raus. Er war sehr kurzfristig orientiert und hatte keinerlei Verständnis von systemischen Zusammenhängen.

Zunächst hatte er einmal das Defizit reduziert, im Wesentlichen einnahmenseitig, aber marketingmäßig gut aufgezogen – ich erinnere an die Defizituhr am Finanzministerium und den Eröffnungssatz seiner Budgetrede: „Ein guter Tag beginnt mit einem sanierten Budget." Stutzig wurde ich jedoch, als er Ende 2001 trotz einer sich dramatisch abkühlenden Konjunktur nicht von diesem Nulldefizitziel abrückte – das wäre aber geraten gewesen.

Und dann kam die sogenannte „Homepage-Affäre" mit der Industriellenvereinigung, die ich schon damals als „politische Korruption" bezeichnet habe: Grasser ließ sich von dieser Interessenvertretung der Industrie, deren Rahmenbedingungen im steuerlichen Bereich er als Finanzminister mit beeinflusste, seine Homepage bezahlen. Ungefähr zur selben Zeit wurde öffentlich bekannt, dass Grasser Honorare für Vorträge in Banken erhielt, in einer Größenordnung, die zwischen 7.000 und 14.000 Euro pro Auftritt gelegen haben sollen. Auch wenn er alle Vorwürfe zurückwies und auf Nachfrage verschiedener Medien die Zahlungen später als „Spenden für soziale Projekte" rechtfertigte: Dass ein Minister, der unter anderem in einem übergeordneten Aufsichtsverhältnis zu den Banken steht, sich von denen bezahlen lässt – das halte ich für absolut unzulässig.

Was dann später im Zuge der sogenannten „Buwog-Affäre" auftauchte, hat mich nicht mehr überrascht. Die mutmaßlichen illegalen Absprachen und Provisionszahlungen bei der Privatisierung von 60.000 Bundeswohnungen haben auch der Republik massiven Schaden zugefügt. Ob die Beweislage zu einer Verurteilung reicht, steht noch auf einem anderen Blatt – die Sache stinkt jedenfalls zum Himmel. Und dass Grasser nun schon so lange im Visier der Justizbehörden steht, halte ich in seinem speziellen Fall auch für gerechtfertigt. Denn er hat alles getan, um Aufklärung zu verhindern.

Mit einer Offenlegung seiner Liechtenstein-Konten hätte er rasch für Transparenz sorgen können.

Was hat Grasser in seinen politischen Lehrjahren unter Jörg Haider gelernt? Bevor er Finanzminister wurde, war er schon stellvertretender Landeshauptmann von Kärnten gewesen. Die FPÖ Kärnten wie das nachmalige BZÖ muss er gut kennen.

15 Diktatur à la FPÖ

Meine Erfahrungen mit „den Rechten" sind nach bald fünf Jahrzehnten in Universitäts-, Bundes- und Stadtpolitik insgesamt höchst gemischt.

Einer meiner besten Freunde zu Studienzeiten war ein schlagender Burschenschafter, der aber aus familiären Gründen dort hineingerutscht ist – ideologisch hat ihn mit dieser Welt nichts verbunden. Einen Wiener Professor, der ebenfalls Mitglied einer schlagenden Verbindung war und fallweise in der *Aula* publizierte, habe ich in den neunziger Jahren gegen eine Kampagne des sozialistischen Studierendenverbandes VSSTÖ in Schutz genommen – denn er war vielleicht ein romantischer Kauz, der an den Idealen des 1848er-Jahres hing, aber sicher alles andere als ein Kellernazi. Der Berliner Variante von *Zur Zeit*, der in Österreich von Andreas Mölzer herausgegebenen Postille, habe ich einmal ein langes Interview gegeben. Es war fair, es wurde auch in der Druckversion nichts verfälscht.

Zu den meisten FPÖ-Mandataren halte ich heute eine Art natürliche Distanz. Nur wenn jetzt der Grasser-Freund und in viele dubios-korrupte Vorgänge involvierte Walter Meischberger, der aus Kematen nahe Innsbruck stammt, zur Tür hereinkäme, würden wir uns begrüßen und duzen, weil des unter Tirolern halt so iblich isch …

Es gibt allerdings klare Grenzen meiner Offenheit. Im März 2014 hatte ich schon zugesagt, an einer Diskussionsveranstaltung der FPÖ mit Andreas Mölzer teilzunehmen. Dieser war damals FPÖ-Kandidat für die Wahlen zum Europäischen Parlament. Wenn in dem zu erwartenden Auditorium schon nichts zu holen ist, dachte ich mir, so könnte es doch immerhin ganz interessant sein. Mit der ehemaligen FPÖ-Vizekanzlerin Susanne Riess-Passer hatte ich früher oft überaus vergnügliche Diskussionen geführt, vor allem im Vorfeld der Euro-Einführung.

Dann wurde eine Rede Mölzers publik, in der er von der EU als „Negerkonglomerat" gesprochen hatte. Das hat mich nicht so sehr aufgeregt, weil ich schlicht nicht weiß, was das bedeuten soll. Richtig aufgeregt hat mich jedoch der zweite Teil seiner Äußerung: Die EU sei eine Diktatur, dagegen sei „das Dritte Reich wahrscheinlich formlos und liberal gewesen."

Ich habe sofort abgesagt, und das in einem Mail wie folgt begründet:

Wie soll man sich eine sinnvolle Diskussion mit jemandem vorstellen, der offenbar zwischen der Regulierung von Glühbirnen gemäß EU-Procedere und dem Terror der NS-Herrschaft nicht unterscheiden will oder kann?

Versetzen wir uns in die Situation deutscher Juden (= jüdischer Deutscher) in den Jahren 1933 bis 1945. Zunächst verloren sie ihre Positionen als Richter, Universitätsprofessoren, Klinikärzte usw. Eine ständig sich erweiternde Reihe von Berufsverboten, dann von Ausbildungsverboten folgte. Ökonomisch wie juristisch waren das (restriktive und diskriminierende) Regulierungen des Markt-, Amts- bzw. Bildungszugangs. Wie bei den sogenannten Nürnberger Rassengesetzen geschah dies keineswegs „formlos", sondern in Form von staatlichen Dekreten (Gesetzen, Verordnungen,

Erlässen). Dasselbe gilt für das Crescendo zunehmender Diskriminierung, Enteignung und Entwürdigung, bis – noch vor dem Beginn der sogenannten Endlösung – den Juden weder das Sitzen auf Parkbänken noch das Halten von Haustieren inklusive Kanarienvögeln gestattet war. Wiederum: Ökonomisch wie juristisch waren das (restriktive und diskriminierende) Regulierungen der Parkbanknutzung bzw. der Haustierhaltung. „Formlos", d.h. meines Wissens ohne formale gesetzliche Grundlage, waren die – für echte Diktaturen typischen – willkürlichen Übergriffe aller Art und das Endstadium: Auschwitz. Die „Liberalität" dieser Politik zu kommentieren erspare ich mir.

Schon in meiner Assistentenzeit hatte ich mit dem Ring Freiheitlicher Studenten, dem RFS, zu tun, ebenso wie mit dem CV, dem ÖVP-nahen Cartellverband. Diese beiden Organisationen sind im Unterschied zur heutigen grünen Studierendenorganisation GRAS so etwas wie Lebensgemeinschaften, das heißt, die jungen Burschen treffen sich laufend mit den „Alten Herren".

Die freiheitlichen Studenten in Innsbruck hatten nun bemerkenswerter Weise mehr Sympathien für den Aufstand des sogenannten universitären Mittelbaus im Jahr 1968 und den Folgejahren. Vielleicht haben sie da etwas missverstanden; gefallen hat ihnen offensichtlich der revolutionäre Aufbruch, der Protest gegen das System. Während die Altvorderen beim CV ihre Jungen im Zaum hielten, hatten die „Alten Herren" bei den schlagenden Verbindungen der Freiheitlichen überhaupt nichts dagegen, im Gegenteil. Sie hatten nichts zu verlieren, weil sie weit weniger mit der herrschenden Oligarchie in Universität, Land und Stadt verfilzt waren als jene im CV; sie brauchten daher auch nicht deren Interessen zu vertreten. Sie waren antiklerikal, deutschnational, sahen sich als Drittes

Lager jenseits von ÖVP und SPÖ, und hätten sie zwischen ÖVP und SPÖ wählen müssen, so hätten sie sich für Letztere entschieden.

So kam es dazu, dass um 1970, unter den damaligen spezifischen Tiroler Bedingungen, die punktuelle Kooperation mit dem RFS sich oft als tragfähiger erwies als jene mit dem CV. Klar, dass meine Freunde im grünen Klub immer die Augen verdreht haben, wenn ich ihnen davon erzählte.

Ich bin als Innsbrucker Student, also in den frühen 60er Jahren, sogar einmal mit einem Freund zur Burschenschaft Brixia auf ein Bier gegangen. Diese stand im Ruf, sich ganz besonders für Südtirol zu engagieren, galt allerdings auch als rechtsextrem. Als ich gesehen hatte, wie es dort zuging, bin ich wieder gegangen. Der freiheitliche Abgeordnete Ewald Stadler schlussfolgerte im Nationalrat später fälschlicherweise einmal, ich hätte in Innsbruck „bei der Brixia angeklopft".

In der direkten Auseinandersetzung im Parlament oder in Fernsehdiskussionen habe ich mir immer am leichtesten mit Kontrahenten aus der FPÖ oder dem BZÖ getan – das waren fast immer Antipoden, wie geschaffen für mich. Großes Vergnügen hatte ich im Parlament zum Beispiel in einer Diskussion mit Heinz-Christian Strache über einen Vorschlag der FPÖ zur Budgetsanierung im Jahr 2009. Wie ich höre, ist der entsprechende Mitschnitt auf dem Internet-Videoportal Youtube inzwischen über 170.000 Mal angeschaut worden[37], es dürfte also auch ein Vergnügen für das Publikum gewesen sein.

Ganz und gar keinen Humor verstehe ich jedoch, wenn es um die Positionen der FPÖ in Flüchtlingsfragen und in der Asylpolitik geht. Viele meinen, die Fluchtgeschichte meiner eigenen Familie mache mich besonders hellhörig für dieses Thema. Daran stimmt, dass die eigene Biographie ein gewisser Motivator ist, sich mit Menschen zu beschäftigen, die aus welchen Gründen auch immer ihre Heimat zu verlassen gezwungen sind. Aber das allein ist noch kein hinreichendes Argument für die Notwendigkeit einer anderen Flüchtlingspolitik als jener, die wir derzeit erleben.

Nicht einmal als Treppenwitz der Geschichte lasse ich den Umstand gelten, dass die FPÖ heute Migranten aus den ehemaligen Kronländern der Habsburgermonarchie bevorzugt behandeln will. Wissen die denn nicht einmal mehr, dass ihre Vorläufer mit ihrem blöden Deutschnationalismus entscheidend dazu beigetragen haben, diese Monarchie in die Luft zu sprengen?

Natürlich waren die Ungarn, Tschechen und Bosnier, die 1956, 1968 und ab 1992 nach Österreich kamen, weniger „fremd". Aber das kann kein Grund sein, Menschen aus Syrien, dem Irak oder Afghanistan die Solidarität zu verweigern. Es wird ja geradeso getan, als würden alle Anträge positiv beschieden – im Gegenteil, über 60 Prozent wurden 2014 abgelehnt. Politisch ist es verantwortungslos, Ängste vor den Flüchtlingen zu schüren und zu instrumentalisieren. Christlich ist so eine Haltung jedenfalls nicht.

Wobei ich den Eindruck habe, dass nicht Angst, sondern Hass das zugrunde liegende Motiv ist: Hass auf jene, die uns etwas wegnehmen, weil wir die Leistungen des Sozialstaats mit ihnen teilen müssen. Ich finde, man sollte das auch deutlicher ansprechen. Mich nervt das oft zu hörende Argument, dass nicht alle, die die FPÖ wählen, auch Rassisten sind. Eh, aber was heißt das: nicht alle? Könnten die nicht auch etwas anderes wählen? Wenn jemand den braunen Sumpf vergrößert, steckt er selber mit drin.

Auch dass viele dieser FPÖ-Wähler selbst nicht einmal wissen, wie und mit welchen Methoden die Nazis in den dreißiger Jahren an die Macht gekommen sind, bedeutet nicht, dass sie harmlos sind. Wenn Hitler wieder kommt, wird er nicht den gleichen Scheitel und den gleichen Schnurrbart tragen wie das Original.

Wer geglaubt hat, dass sich durch Fortschritt, Aufklärung und aktiver Auseinandersetzung mit der Vergangenheit der Anteil der „Rechten" von selbst dezimieren würde, liegt falsch. Persönlich habe ich seit langem die Hypothese, dass es in Österreich schon seit mindestens 120 Jahren rund dreißig Prozent potenzielle Wähler der extremen Rechten gibt, plus minus zwei Prozentpunkte. Früher waren das die Deutschnationalen, später die Präfaschisten; heute die Freiheitliche Partei.

Meisterhaft dieses Erbe nutzbar gemacht hat Jörg Haider, der zeitgleich Signale an die Ewiggestrigen ausgesandt hat und sich als Anführer einer neuen, quasi geschichtslosen Bewegung geriert hat. Ich bin heilfroh, dass ich im direkten Duell erst sehr spät auf ihn getroffen bin, nämlich im Nationalratswahlkampf 2008. Da wurde mir bei einer TV-Konfrontation schnell klar: Das ist ein Profi. Das meine ich nicht inhaltlich, sondern technisch: wie er versuchte, das Tempo zu verlangsamen oder zu beschleunigen, ostentativ nicht zuzuhören, hämisch zu grinsen, um zu irritieren. Alle Tricks dieser Art setzte er mit einer Selbstverständlichkeit und Lockerheit ein, die andere ein ganzes Politikerleben lang nicht erreichen.

In der sogenannten Elefantenrunde kurz vor der Wahl, in der alle Spitzenkandidaten miteinander diskutieren, sind wir ihm allesamt in die Falle gegangen. Da verwickelte er uns zu unserer aller Überraschung plötzlich in eine minutenlange Diskussion über Basel II, das damals in Kraft getretene Regelwerk der Bankenwelt. Basel II in einer Fernsehdiskussion! Ein Wahlkampfmanager hätte dringlichst geraten, die Finger von einem derart komplexen Thema, das niemand versteht, zu lassen. Haider hat es damit aber geschafft, uns alle aufs Nebengleis zu führen.

Das wandlungsfähige Element, ja das Chamäleonartige an ihm war bemerkenswert. Er hat es hinbekommen, sowohl Industrielle und Banker als auch Bauern und die sogenannten kleinen Leute einzuwickeln. Anders wäre es ihm wohl auch kaum gelungen, die Wahrheit über die finanzielle Situation der Hypo Alpe Adria Bank jahrelang zu vertuschen – ein Desaster, das Österreich Milliarden an Euro kosten wird. Das einzige, wo ich mit ihm inhaltlich übereingestimmt habe, war unser Befund, dass die Aufteilung des Landes zwischen Rot und Schwarz ein Skandal ist. Allerdings hat es Haider geschafft, aus der De-facto-FPÖ-Alleinherrschaft in Kärnten einen noch größeren Skandal zu machen: siehe Hypo und deren gigantische Verluste.

16 Fernseh- und Boulevarddemokratie

Was ein Politiker bei Fernsehauftritten können soll, habe ich durch *learning by doing* gelernt, aber auch durch Medientrainings, die bei mir freilich nur teilweise gefruchtet haben.

Der Neuling macht handwerkliche Fehler, die korrigiert werden können. So habe ich mich als Interviewter im Fernsehen zunächst wie ein Professor im Hörsaal verhalten. Ich bekomme eine Frage gestellt, ich überlege kurz, ich beginne zu philosophieren, was man zu dieser Frage sagen könnte, und am Schluss komme ich zu einer Antwort: Ja oder Nein. Im Fernsehen irritiere ich damit sowohl den Moderator als auch die Zuseher, die glauben, dass ich ausweiche. Deshalb ist es besser, sofort mit Ja oder Nein zu antworten und diese Antwort erst dann zu begründen. Es war für mich schwierig, das in die Praxis umzusetzen. Wahrscheinlich kämen heute, nach einer langen Trockenphase, die alten Verhaltensmuster wieder hoch, wenn ich ein Live-Interview im Fernsehen gäbe.

Noch wesentlich kritischer, weil es auf lange Sicht zum Ruin des politischen Interviews führt, ist folgendes: In meinen Anfangszeiten als Bundessprecher der Grünen wollte man mich dazu erziehen, mich auf die vier Botschaften zu konzentrieren, die ich bei einem Live-Interview unterzubringen hätte. Im Taxi auf dem Weg zum ORF-Zentrum Küniglberg ist mir die vierte Botschaft in der Regel schon nicht mehr eingefallen. Dann hatte ich Glück mit einem Medientrainer, der mir nahelegte, mich mehr auf die Zuseher in den Wohnzimmern zu konzentrieren, die sich gerade ein Bier geöffnet haben und jederzeit wegzappen können. Vielleicht wollen die ja wirklich eine Antwort oder sogar ein Gespräch hören und nicht nur ein salvenartiges Abfeuern von Statements?

Mein Trainer und ich schauten uns ein ZiB-2-Interview an. „Warum haben Sie die Frage nicht beantwortet?" Ich: „Was, habe ich das nicht getan?" Er: „Gut, schauen wir uns das noch einmal an." Und am Ende musste ich ihm Recht geben. Nun erinnerte ich mich: Im Studio hatte ich mich so darauf konzentriert, die vier Botschaften zu memorieren, dass ich die konkrete Frage gar nicht richtig gehört hatte – ich merkte nur: Jetzt bin ich dran! Und begann die Botschaft(en) herunterzubeten – dieses Fehlverhalten galt es zu verlernen.

Ich bin überzeugt, dass es vielen Kolleginnen und Kollegen in der Politik ähnlich geht, und zwar in allen Parteien. Sie werden von ihren PR-Büros, den Spin-Doktoren, den Medienberatern und Pressesprecherinnen darauf gedrillt, in den kostbaren wenigen TV-Minuten eine Message loszuwerden, unabhängig von den Fragen des Interviewers. Das ist nicht neu. Der britische Journalist Robin Day schrieb schon 1989: „Interviews have tended to become a series of statements, planned for delivery irrespective of the question which had been put. This technique has gradually brought about the decline of the major television interview. It is now rarely a dialogue which could be helpful to the viewer."[38]

Je ausweichender die Politikerin, desto aggressiver fragt die Interviewerin nach (für Männer gilt dasselbe). Evan Davis, ein weiterer britischer Journalist, beschreibt das resultierende Misstrauensgleichgewicht, das letztlich niemandem nützt, so: „You play it as defensively as you can. Your strategy of being defensive is justified by me being aggressive and ... me being aggressive is justified by the obfuscation and nonsense of you being defensive. We're now locked into the low road."[39]

Mein Rat ist: Wenn die geplante Botschaft zur Frage passt, gut. Wenn nicht, lieber auf die Botschaft verzichten, als sie penetrant anbringen zu wollen. Und vor allem: Der Eindruck beim TV-Publikum ist entscheidend, nicht jener bei Journalisten oder den hauseigenen PR-Capos.

Ausnahmen vom „Botschaftsverzicht" können in den sogenannten Zweierkonfrontationen im Wahlkampf angebracht sein; diese sind in der Regel ohnehin kein Gespräch, sondern eher ein Duell mit Worten statt mit Pistolen. Wie David Axelrod – der Erfinder des Slogans *Yes We Can* – Präsident Obama vor dessen zweiter Konfrontation mit dem Gegenkandidaten Mitt Romney kritisch ermahnte: „It's not a trial or even a real debate. This is a performance. Romney understood that. He was delivering lines. You were answering questions. I know it's a galling process, but it is what it is."[40]

Leider haben im ORF die Sendungen, in denen es tatsächlich um *Diskussion* geht, dramatisch an Qualität verloren. Mit Schaudern denke ich an die *Sommergespräche* des Jahres 2014 zurück. Was für ein missglücktes Format! Damit macht man das Medium Fernsehen kaputt. Zur Erinnerung: Es gab einen Moderator, eine Politikerin / einen Politiker und das Publikum. Der Moderator zwang sich, die unbedeutendsten Nebenschauplätze der österreichischen Politik aufzutun, die einem sonst gar nicht in den Sinn kämen. Die sogenannte Einbindung des Publikums führte dazu, dass immer irgendjemand irgendeine Frage stellte, die der betreffende Politiker unmöglich ad hoc beantworten konnte, weil sich alles um spezifische Situationen drehte, die der Fragesteller als Betroffener erlebt hatte. Die einzig mögliche Antwort darauf wäre gewesen: „Schreiben Sie mir bitte ein E-Mail, und dann werden wir der Sache nachgehen."

So etwas führt unweigerlich zu einer Trivialisierung der Politik wie auch des Gesprächs. Dieser Verzicht auf jegliche Tiefe ist nach meiner Beobachtung aber kein internationaler Trend: In den deutschen öffentlich-rechtlichen Sendern ARD und ZDF laufen solche Diskussionssendungen jedenfalls anders ab, mit einer völlig anderen Gesprächskultur, und mit besser vorbereiteten Moderatoren. Aus mir unerfindlichen Gründen gibt es in Österreich den weit verbreiteten Irrglauben, dass bei Sendungsende unbedingt einer der Teilnehmer als Leiche im Studio liegen muss – am besten mehrere. Das betrifft insbesondere die politischen TV-Duelle. Aber dieses mordlüsterne Szenario ist höchstens die Erwartung von Journalisten bzw. Medienmachern.

Bei Zeitungsinterviews tut man sich als Politiker leichter: Sie antworten auf Fragen einer Journalistin, können im Gespräch noch etwas korrigieren und haben nachher eine Kontrollmöglichkeit, weil in der Regel vereinbart wird, dass solche Interviews autorisiert werden. Das ist weder im Radio noch im Fernsehen möglich, da hängt viel mehr von der Tagesverfassung des Interviewten ab. Auch aus der Sicht der Leserin einer Zeitung gibt es im Vergleich zum TV-Konsumenten mehr Eigenbestimmung: Sie kann lesen, wann sie will, so oft sie will. Im Fernsehen rauscht das an einem vorbei. (Das Internetfernsehen, etwa die Plattform Youtube, hat allerdings auch das Anschauen bewegter Bilder wieder selbstbestimmter gemacht).

Man kann als Politiker Faktoren wie Reichweite nicht völlig vernachlässigen. Zwar halte ich die Aussage des ehemaligen deutschen Kanzlers Gerhard Schröder, er brauche „zum Regieren nur *Bild, BamS* (*Bild am Sonntag,* Anm.) und Glotze", für übertrieben und realitätsfern. Schon der österreichische Bundeskanzler Viktor Klima hatte mit seiner offensichtlichen Konzentration auf *Krone, News* und ORF genauso wenig nachhaltigen Erfolg wie Schröder.

Dennoch muss man erst einmal schmerzlich lernen, dass es eine Fehlannahme ist, ein schönes Interview im *Standard* werde alle Welt begeistern. Zwar überschneidet sich die Leserschaft des *Standard* mit der Wählerschaft der Grünen erheblich, trotzdem sind es verschwindende Minderheiten der Gesellschaft, die man mit dem einen gedruckten Interview erreicht. Dass die Grünen in den letzten Jahren versuchen nicht mehr so prüde zu sein, was die Inszenierung von Inhalten in sogenannten Massenmedien betrifft, verstehe ich deshalb vollkommen.

Mir ist ein Gespräch mit dem damaligen SPÖ-Klubobmann Josef Cap gut in Erinnerung. Das war kurz, nachdem Werner Faymann und Alfred Gusenbauer 2008 das unsägliche Statement gegenüber der *Kronenzeitung* abgegeben hatten, in Zukunft jede (!) Reform von EU-Verträgen einer Volksabstimmung zu unterwerfen.[41] Auf meinen Vorhalt, dass die SPÖ damit sämtliche überzeugten Europäer aus ihrer Wählerschaft vertreibe, konterte Cap lediglich mit dem Hinweis, dass viele SPÖ-Wähler nur die *Krone* lesen und allenfalls die „Zeit im Bild 1" anschauen, deren Seher ein Durchschnittsalter von 60plus haben. Insofern haben es die grünen Kommunikationsarbeiter einfacher als die SPÖ. Grüne Wählerinnen und Wähler schauen zwar auch in die *Krone,* verwenden sie aber mit Sicherheit nicht als alleiniges meinungsbildendes Medium.

Das Dichand-Blatt, das mit über 30 Prozent Reichweite noch immer das meistgelesene in Österreich ist, hatte mit den

Grünen trotz aller innenpolitischen Positionsunterschiede bei umweltpolitischen Themen lange Zeit eine Art Allianz. Die ersten drei Seiten waren immer zu vergessen, denn da nahm die *Krone*-Redaktion in der Regel ihre Lieblingsfeinde Peter Pilz oder Terezija Stoisits ins Visier. Aber weiter hinten, im Chronikteil, war die Zeitung oft verlässlicher als andere Zeitungen, besonders in ökologischen Fragen. Und die *Krone* in den Bundesländern, so stellte sich heraus, war in politischen Angelegenheiten oft wesentlich milder und um Objektivität bemühter als die bundesweite Ausgabe.

Ich persönlich wurde insgesamt gut behandelt. Zu Hans Dichand, dem 2010 verstorbenen Zeitungsgründer, hatte ich ein distanziertes, aber freundliches Verhältnis. Er war ein genialer Zeitungsmacher, der ein genaues Sensorium dafür hatte, was seine Leserinnen und Leser lesen wollen. Einmal im Jahr stattete ich ihm einen Höflichkeitsbesuch ab. Er legte mir dabei jedes Mal nahe, aus den Grünen so eine Art Greenpeace-Partei zu machen, mit ausschließlichem Fokus auf ökologische Themen. Ich habe ihm jedes Mal entschieden widersprochen. Die Grünen setzen sich nicht nur für Tierschutz und Maßnahmen gegen den Klimawandel ein, sondern auch für die Bürger- und Menschenrechte, für die Gleichberechtigung der Frauen, für qualitätsgesicherte Bildung und Ausbildung, für eine angemessene soziale Grundsicherung – kurzum: Sie sind eine politische Partei, und nicht (nur) der verlängerte Arm des World Wide Fund for Nature (WWF).

17 Was Politiker außerdem können müssen

Medienkompetenz kann keine inhaltliche Kompetenz ersetzen. Zu Letzterer gehören nicht nur Sachfragen, sondern auch ein Verständnis für die Entstehung, Wandel- und

Veränderbarkeit politischer Strukturen. Ich teile leider Hannes Androschs Befund, dass es insgesamt zu einer Art „Geschichtsvergessenheit" gekommen ist. Zwar bin ich kein großer Anhänger der Idee, dass eine Regierung aus Fachexperten bestehen sollte; Platons Vorstellungen vom Staat sind mir fremd. Aber ein historischer und ein juristischer Background schaden auf keinen Fall.

Die meisten Mitglieder meiner Politikergeneration waren in Sachen Geschichtswissen Autodidakten. Oft gezwungenermaßen: Mein Geschichtsprofessor im Innsbrucker Gymnasium war Kompanieführer im Zweiten Weltkrieg gewesen, das hat er uns erzählt. Aber sein Geschichtsunterricht endete mit dem Jahr 1934 – und da war stets von der „Selbstausschaltung" des österreichischen Parlaments die Rede. Die ganze Dollfuß-Ära und der sogenannte Ständestaat werden bis heute, verglichen mit der Zeit zwischen 1938 und 1945, kaum als faschistisch wahrgenommen. Dabei saßen schon seit 1936 Vertrauensleute des Hitler-Regimes in der österreichischen Regierung.

Weil in der Mittelschule aufgrund dieser Sonderfaktoren keine Begeisterung für das Fach entstehen konnte, habe ich mir das Meiste dann eben in Eigenregie angeeignet, und so haben es wohl auch viele meiner Kollegen gehalten. Das galt auch für Basiskenntnisse in anderen Fächern. Der frühere deutsche Bundeskanzler Helmut Schmidt schreibt in seinem jüngsten, autobiographischen Buch stellvertretend für die Nachkriegs-Politikergenerationen über seine notgedrungene Neigung zur Autodidaktik: „Was mir aufgrund mangelnder philosophischer Schulung möglicherweise entging, konnte ich durch lebenslange Beschäftigung und stete Vertiefung hinlänglich ausgleichen."[42]

Dieser Ausgleich findet heute entweder anders oder nicht mehr statt. Viele Politiker, aber auch Wissenschaftler aus den nachwachsenden Generationen haben zwar viele

Spezialinteressen und Steckenpferde; es fehlt jedoch häufig der zusammenhängende größere Überblick.

Natürlich könnte man jetzt einwenden, dass ein solcher generalistischer Überblick im Alltagsleben eines reinen Fachministers nur von bedingtem Nutzen ist, und dass dadurch Kommunikationstalent und ein Gespür für das richtige Wort in der richtigen Situation nicht ersetzt werden können. Doch auch ein für öffentliche Bauaufträge zuständiger Minister oder Stadtrat sollte idealerweise etwas über die Ästhetik von Architektur, die Soziologie des Bauwesens und die Wahrnehmung des öffentlichen Raums wissen.

Ebenso wichtig wie eine Ahnung von dem, was gewesen ist, ist eine klare Vorstellung von dem, was kommen soll. Reine Fachjuristen, die immer nur vom Recht, wie es existiert, ausgehen, also *de lege lata*, haben sicher nicht das Zeug zum Politiker. Ich brauche als Politiker eine Zielvorstellung, eine Vision, die durchaus auch aus der Praxis kommen kann. Erst dann kann sich „Leadership" entfalten.

Andere Kategorien spielen wiederum für den Erfolg in der Politik, so finde ich, eine untergeordnete oder überhaupt keine Rolle: Ob jemand sympathisch oder unsympathisch ist, leutselig oder zurückhaltend, distanziert oder extrovertiert – solche Eigenschaften scheinen mir für Kanzlerin oder Ministerin wenig bedeutsam, bei einem Bürgermeister mag das anders sein. Auch ein Universitätsstudium ist keine Voraussetzung; dass kaum noch Professoren von den Universitäten ins Parlament nachrücken, finde ich persönlich allerdings bedauerlich. Als ich ins Parlament kam, gab es noch einige davon, etwa die Ökonomieprofessoren Dieter Lukesch bei der ÖVP und Ewald Nowotny auf SPÖ-Seite und den freiheitlichen Rechtsprofessor Wilhelm Brauneder.

Ratsam und von potenziell hohem Nutzen sind zudem das Interesse und die regelmäßige Auseinandersetzung mit

Kunst. Insbesondere Literaten haben häufig ein feines Sensorium dafür, was in der Gesellschaft vorgeht.[43] Außerdem hilft die Beschäftigung mit Kunst dabei, aus dem politischen Alltagstrott herauszukommen, und sei es nur für einige Stunden. Es gibt im Übrigen kaum Künstler im Parlament. Das hängt vielleicht damit zusammen, dass das Politikerdasein mit zu großen Einschränkungen der individuellen Freiheit verbunden ist, die gleichsam die Existenzgrundlage von Künstlern ist. Umgekehrt ist es nicht einfach, die Interessen von Künstlern zu vertreten. Der kleinste gemeinsame Nenner von hochgradigen Individualisten ist am Ende oft zu klein, um noch ein großes gemeinsames Ganzes zu entdecken …

Sehr jungen Leuten, die die Absicht hatten, in die Berufspolitik einzusteigen, habe ich stets davon abgeraten (in der Regel ohne Erfolg). Es geht in politischen Berufen ja auch um Lebenserfahrung. Da bin ich auf der Seite von *Falter*-Herausgeber Armin Thurnher, der schon seit Langem vor dem Jugendwahn warnt. Andere sagen, jugendliche Volksvertreter hätten die Aufgabe, die Anliegen ihrer Generation zu formulieren; ein großer Anspruch, denn seit wann hat die Altersgruppe 15 bis 25 homogene Interessen? Das ist so abwegig wie die Vorstellung, dass Politikerinnen primär frauenpolitische Interessen vertreten sollten. Dabei verfolgen Frauen sehr verschiedene, oft divergierende Interessen, der gemeinsame Nenner ist der Wunsch nach Gleichberechtigung am Arbeitsmarkt.

Dass jemand ohne Vorerfahrung in Unternehmen, in der öffentlichen Verwaltung usw. auf Vollzeitbasis im politischen System tätig wird, funktioniert selten. Man sollte einmal systematisch untersuchen, wie lange sich so jemand im politischen Betrieb durchschnittlich halten kann. Wenn ihnen der Verbleib aber gelingt, behalten sie ihren jugendlichen Esprit oder ergrauen sie vorzeitig? Ein Parlamentsmandat ist für sehr junge Abgeordnete ein verhältnismäßig gut bezahlter Job; 8.600 Euro brutto würden die wenigsten am freien Markt verdienen. Das sei ihnen gegönnt, aber es macht den Ausstieg nicht leichter und fördert angepasstes Verhalten.

Für den Beruf des Politikers gibt es nicht einmal ansatzweise eine formelle Ausbildung. Beim Studium der Politikwissenschaft lernt man zwar allerhand, aber das ist ebenso wenig eine Schule für Politiker wie das Studium der Publizistik eine Schule für Journalisten ist. In Deutschland gibt es immerhin die Hochschule für Verwaltungswissenschaften in Speyer, in Frankreich elitäre Institutionen wie die ENA, die École nationale d'administration, die einige Premierminister hervorgebracht hat. Die Universität Oxford kann auf zwei Dutzend Premierminister unter ihren Absolventen verweisen, aber das ist wohl eher eine Folge ihres Elitestatus als eines speziellen Curriculums. Gespannt bin ich auf die ersten Absolventen des Studienganges „Führung, Politik und Management", den es an der Fachhochschule Campus in Wien-Favoriten gibt.

Was müsste eine solche Ausbildung umfassen? Natürlich juristisches Grundwissen, aber auch, wie man in kurzen Sätzen redet. Der sogenannte O-Ton in einem ZiB-1-Interview dauert nicht länger als 20 Sekunden, Tendenz fallend. In einem Privatsender musste ich einmal in 25 Sekunden das grüne Energiesteuerkonzept erklären; ich brauchte 27 Sekunden, der Moderator war zufrieden. Ein Minimum an makroökonomischer Ausbildung ist ebenfalls sinnvoll, dann würden nicht so viele auf den Trick mit der schwäbischen Hausfrau hereinfallen, den die deutsche Kanzlerin Angela Merkel wiederholt angewandt hat: Der sparsame bis geizige einzelne Haushalt kann kein Vorbild für die Volkswirtschaft als Ganzes sein. Es kann sogar zwischendurch vernünftig sein, mehr auszugeben als einzunehmen, etwa um in einer Rezession Investitionen in die Infrastruktur anzukurbeln. Kurzum:

zu verstehen, dass noch lange nicht für den Staatshaushalt gut ist, was für einen Privathaushalt gut sein mag, ist seit John Maynard Keynes' *General Theory of Employment, Interest and Money*, also seit rund 80 Jahren, bekannt. Vor allem wenn es im Finanzministerium und im Bundeskanzleramt keine Leute mit solider volkswirtschaftlicher Ausbildung gibt, kann das zu gravierenden Fehlentscheidungen führen. Mich hat entsetzt zu lesen, dass es im Kabinett des deutschen Finanzministers Wolfgang Schäuble keine Volkswirte gibt, sondern praktisch nur Juristen.

Vielleicht könnte man als Anschauungsmaterial in einem solchen Lehrgang für angehende Politiker auch noch die großartige dänische Fernsehserie *Borgen* zeigen. Sie ist spannend und absolut realistisch, vor allem was die vielen politischen und privaten Kompromisse angeht, die diese Premierministerin, die im Mittelpunkt der Serie steht, eingehen muss.

Über die Beschäftigung mit politischen Strukturen und Ereignissen in der Vergangenheit entsteht manchmal auch Bewunderung für einzelne Akteure. Mich selbst haben auf der Weltbühne der Politik große Persönlichkeiten beeindruckt, die über ihre jeweilige Parteibasis und Zeit hinaus gewirkt haben. Willy Brandt etwa mit seinem Kniefall an der Gedenkstätte des Warschauer Ghettos Ende 1970, gleichzeitig der Beginn seiner Ostpolitik. Unter den Franzosen fallen mir die großen Europäer Robert Schuman, Jean Monnet und Jacques Delors ein. Aus der Ferne fand ich wie viele andere, die bei den Anti-Vietnamkrieg-Demonstrationen nach 1968 dabei waren, auch Ho Tschi Minh erstaunlich. Denn das muss man erst einmal schaffen: mit technisch deutlich unterlegenen Mitteln erst gegen die Franzosen und dann gegen die Amerikaner Kriege zu gewinnen.

Uneingeschränkt bewundert habe ich die Chilenin Michelle Bachelet, die erste demokratisch gewählte Präsidentin Südamerikas (2006). Im Zivilberuf Ärztin, war sie zur Zeit der Pinochet-Diktatur verhaftet und gefoltert worden, ebenso wie ihr Vater, der an den Folgen starb. Ihr *Spiegel*-Interview bei Amtsantritt ist nach wie vor lesenswert.[44] Größten Respekt empfand ich für Hertha Firnberg, die erste Wissenschaftsministerin Österreichs (1970–1983). Die umfassende Universitätsreform 1975 gegen den Widerstand konservativer Professoren durchzusetzen war alles andere als ein Heimspiel. Wer sie kannte, wird die Charakterisierung „primadonna assoluta in Kreiskys Team", die die *Presse* ihr zuschrieb[45], recht zutreffend finden. Ich selbst habe an der Uni Innsbruck und dann an der Uni Wien nur die besten Erfahrungen mit ihr gemacht.

Von den US-Präsidenten hat mich John F. Kennedy am stärksten geprägt. Kein Wunder, er hat mich im richtigen Alter erwischt – ich war im Jahr seiner Wahl 1960 gerade einmal 16. Dann kam seine Ermordung, und kurze Zeit später die Ermordung seines Bruders. Dem Charme und unverwüstlichen Optimismus des Sonnyboys Bill Clinton habe ich mich ebenfalls nie ganz entziehen können. Bei Barack Obama hingegen war ich von Anfang an skeptisch: Der Wahlkampf war zwar hoch professionell gemacht, aber Obama hat übertriebene Hoffnungen geweckt. Und Heilsversprechen sind, nicht nur in der Politik, unmöglich einzulösen. Allerdings: Ohne diesen Schub an (falschen) Hoffnungen hätte Obama die Wahlen vielleicht nicht gewonnen.[46]

Vorbilder hin, fehlende Ausbildung her: Was wir ganz offensichtlich in der österreichischen Politik haben, ist eine Personalkrise. Wir erleben in den beiden ehemaligen Großparteien etliche Beispiele für die Gültigkeit des sogenannten „Peter-Prinzips", wonach man in der Karriereleiter höher und höher steigt, bis man die Sprosse persönlicher Inkompetenz erreicht hat. (Auf der anderen Seite tauchen immer wieder neue, überraschende Talente auf. Der gegenwärtige Außenminister Sebastian Kurz könnte ein Beispiel sein. *I'll reserve judgement*, würde ein Brite sagen.) Wer Begabung und Kompetenz hat und obendrein einen gewissen Anspruch auf Privatsphäre, für den oder die ist das „Package" in der Politik nicht unbedingt attraktiv, verglichen mit der Privatwirtschaft. Minister und Landeshauptleute, also die rund 30 Personen in der Spitzengruppe, deren Jobs durchaus mit jenen von Spitzenmanagern vergleichbar sind, verdienen in Österreich rund 17.000 Euro brutto pro Monat. Das ist viel, aber weniger als in der Vergleichsgruppe. Und sich dafür jeden zweiten Tag medial ohrfeigen lassen?

Man merkt manchmal bei Quereinsteigern in die Politik, dass sie genau mit diesem Umstand nicht umgehen können: dass sie nicht mehr die uneingeschränkt gefeierten Lieblinge der Medien sind, dass sie kräftige Einbußen beim Einkommen in Kauf nehmen und feststellen müssen, wie unterschiedlich die Strukturen in der Politik im Vergleich zur Wirtschaft sind. Einen Konzern zu führen ist etwas völlig anderes als eine Partei oder eine Regierung. Da gibt es schon einmal parteiintern jede Menge Flügel sowie unterschiedliche regionale und inhaltliche Interessen abzustimmen; missliebige Parteifreunde kann man in der Regel weder feuern noch versetzen. (Für jeden Landespolitiker ist Kritik an der eigenen Parteispitze eine einfache und garantiert wirksame Methode, medial wahrgenommen zu werden.) Und weil es in den westlichen Demokratien des 21. Jahrhunderts fast keine absoluten Mehrheiten mehr gibt, das größte österreichische Bundesland einmal ausgenommen, müssen auch die Kompromisse mit dem Koalitionspartner stets aufs Neue gefunden werden.

18 Unklare Verhältnisse

Es gibt die Hypothese, dass kleine Parteien schwieriger in die Regierung zu bekommen seien, weil sie oft Single-Issue-Parteien seien, sich also mit einem einzigen oder ganz wenigen Themen zu profilieren versuchen: Pensionen, Bürokratie, Umweltschutz, „Werte" und dergleichen.

Ich halte das nicht für plausibel. Denn eigentlich müssten sie sogar geneigter sein, dem Regierungspartner bei allen anderen Themen entgegenzukommen, wenn dieser sie umgekehrt bei ihren Kernthemen leben lässt, nach dem Motto: Wenn ihr bei Ökosteuern mitzieht, dann werden wir nicht Krawall schlagen, wenn ihr die ÖBB umbauen wollt. So gesehen halte ich auch Dreierkoalitionen für durchaus vorstellbar.

Eine Regierungskoalition einzugehen bedeutet immer, sich auf das einzulassen, was Realpolitik genannt wird. Das kann ein richtig brutales Geschäft sein. Diese Erfahrungen habe ich in Wien, wo 2010 eine rot-grüne Stadtregierung gebildet wurde, aus nächster Nähe gemacht. Vizebürgermeisterin Maria Vassilakou von den Grünen hat das Stadtentwicklungsressort bekommen, im Gegenzug haben wir Dingen zugestimmt, die wir als Oppositionspartei natürlich abgelehnt hätten. Dafür haben wir unter anderem den Umbau der Mariahilfer Straße als stadtplanerisches Experimentierfeld genutzt, und es ist ein Vorzeigeprojekt schlechthin geworden.

Viele wünschen sich, um dieses oft mühsame Abtauschen von Interessen und die Verwässerung der eigenen Position durch Kompromisse zu beenden, ein mehrheitsförderndes Wahlrecht, das klare Verhältnisse schaffen soll. Die relativ stärkste Partei hätte dann mehr Freiheit, ihre Vorstellungen umzusetzen. Aber ist zusätzliche Qualität des politischen Prozesses garantiert, wenn eine Partei mit relativer

Stimmenmehrheit aufgrund des Wahlrechts die absolute Mehrheit an Mandaten erhält? Dazu zwei Beispiele: In Großbritannien, einem Land mit Mehrheitswahlrecht, regierten 1945–1975 die Labour Party und die konservativen Tories abwechselnd mit jeweils absoluter Mandatsmehrheit. Das hatte den Erfolg, dass die Stahlindustrie einmal verstaatlicht, dann wieder privatisiert, dann wieder verstaatlicht wurde. Es ist kein Zufall, dass Österreich Anfang der 1970er Jahre das Vereinigte Königreich beim Pro-Kopf-Einkommen überholt hat. – In Griechenland erhält die Partei mit relativer Stimmenmehrheit einen erklecklichen Mandatsbonus. Die Syriza hat bei den Wahlen im Jänner 2015 auf diese Weise 50 (!) zusätzliche Sitze im Parlament bekommen. Hätte die Stadt Wien ein analoges Wahlrecht, wäre die absolute Mehrheit der Wiener SPÖ nie gebrochen worden und bis auf Weiteres zementiert. Spricht das für die Übernahme des griechischen Systems?

Persönlich bin ich ein Anhänger des Verhältniswahlrechts. Aber ich könnte auch leben mit einem System, in dem die relative Stimmenmehrheit zu einer absoluten Mehrheit minus 10 Mandaten führt. Damit wäre die stärkste Partei gezwungen, sich mit einer kleineren in der Regierung zu verpartnern.

Zu neuen Konstellationen in der Regierungsbildung wird es so oder so kommen müssen. Denn ich rechne damit, dass der Schrumpfungsprozess der ehemaligen Großparteien SPÖ und ÖVP auch in den nächsten Jahren weitergehen wird. Aus heutiger Sicht hat die SPÖ die größeren Probleme: Sie verengt sich zunehmend, sie wirkt ausgebrannt: Im Mittelpunkt stehen ausschließlich bestimmte Sozialthemen. Aber ökologische Fragen? Die Sorgen der prekär Beschäftigten? Integration der Zuwanderer? Die Zukunft der Europäischen Union? Forschung als Basis der wissensbasierten Wirtschaft? Da hört man wenig.

Eine Spur weniger pessimistisch bin ich bei der ÖVP. Sie ist gut abgesichert bei den Leuten am Land, ob Bauern oder nicht, in den kleineren Städten und in der Wirtschaft. Dort hat sie auch ihre Rekrutierungsbasis. Entscheidend ist, wie lange sie den Mythos der Partei mit der größeren Wirtschaftskompetenz am Leben erhalten kann. Denn es ist ohne Zweifel ein Mythos: Die größten Steuerreformen – nicht bloß Retuschen am Tarif – der letzten Jahrzehnte kamen von Hannes Androsch und Ferdinand Lacina, also SP-Finanzministern. Wer behauptet, die praktische ökonomische Vernunft liege in den Händen der ÖVP, provoziert mich zu einer polemischen Gegenfrage: Wer hat seit 28 Jahren das Wirtschaftsministerium und seit de facto fünfzehn Jahren das Finanzministerium inne, und mit welchem Ergebnis?

Dass die Volkspartei den Grünen das Wasser abgräbt, wie manche seit dem von Josef Riegler entwickelten Konzept der „ökosozialen Marktwirtschaft" vermuteten, ist inzwischen widerlegt. Riegler war viel zu kurz ÖVP-Chef und Vizekanzler, um aus seinen Papieren mehr werden zu lassen. Und mit den ÖVP-Umweltministern haben die Grünen seither immer wieder erheblichen Ärger gehabt. Beim Klimaschutz ist kaum Energie und Einsatz zu spüren, was mich sehr wundert, immerhin geht es hier auch um die Zukunft der Landwirtschaft. Und die Landwirte sind traditionell ÖVP-Klientel. Die Wirtschaftskammer wiederum hat immer nur die Belastungen gesehen und kaum die Chancen, zum Beispiel für Installateure und Anlagentechniker, die sich im Bereich der Erneuerbaren Energien ergeben.

Vor diesem Hintergrund wird es neben den bisherigen Parteien immer wieder neue, populistische, auf Protestwähler schielende Parteien geben, wie sie mit der Liste Fritz des ehemaligen Tiroler Arbeiterkammerpräsidenten Fritz Dinkhauser oder dem Team Stronach des kanadisch-österreichischen

Milliardärs Frank Stronach schon in Erscheinung getreten sind. In der Quantität werden solche kurzlebigen Politprojekte voraussichtlich sogar noch mehr, in der Qualität womöglich noch dürftiger. Die NEOS, seit Oktober 2013 im österreichischen Nationalrat vertreten, haben hingegen durchaus eine Chance, sich dauerhaft zu halten, falls sie aus ihren Anfangsfehlern lernen.

Und die Grünen? Sie sind in Österreich im Vergleich mit anderen Grünparteien in Europa rekordverdächtig stark. Dennoch haben sie ihr Potenzial noch nicht ausgeschöpft. Generell halte ich gut 20 Prozent der Stimmen in Städten mit über 100.000 Einwohnern für möglich, in kleineren Städten und in Landgemeinden liegt das erwartbare Niveau wohl bei zehn bis 15 Prozent – stets stark davon abhängig, welche Kandidatinnen an der Spitze stehen. Bei bundesweiten Nationalratswahlen wird das maximal erzielbare Ergebnis somit wohl unter 20 Prozent liegen.

Mitentscheidend wird sein, dass sich die Grünen im Zuge ihrer Professionalisierung nicht abschotten. Die unter Eva Glawischnig begonnene Modernisierung der Medienarbeit und die genaue Analyse von Zielgruppen sind heute wichtige Voraussetzungen für eine Partei, um weiter zu wachsen. Und natürlich hat sich die Partei seit ihrer Gründung Anfang der achtziger Jahre verändert. Doch die teils erbitterten Flügelkämpfe der Anfänge zwischen „bürgerlichen" und „linken" Grünen[47] hatten auch ihr Gutes: Sie haben zu einer produktiven Auseinandersetzung über den gemeinsamen Nenner der Bewegung geführt.

Die innere Vielfalt und die Durchlässigkeit nach außen scheint mir insgesamt geringer geworden zu sein. Das basisdemokratische Prinzip bei der Listenerstellung hat bei allen Vorteilen auch zu einem klassischen Insider-Outsider-Problem geführt: Jene, die in der Organisation sind, haben bessere

Chancen auf wählbare Positionen zu kommen als Querein-steiger oder Leute mit weniger Verankerung. Auf den ersten 16 Listenplätzen für die Wiener Gemeinderatswahlen 2015 gab es sieben alte und neun neue Namen, was auf den ersten Blick für eine große Erneuerungsbereitschaft spricht. Doch bei genauerem Hinsehen befanden sich unter den neun Neuen wiederum acht, die beruflich bei grünen Teilorganisationen tätig waren und zusätzlich zur persönlichen Qualifikation somit den „richtigen Stallgeruch" hatten. Nur ein einziger Kandidat war nicht schon bei den Grünen verankert. Die Idee einer geschlossenen Kreislaufwirtschaft in der Personalpolitik von Organisationen umzusetzen, halte ich für keine gute Idee. Außenseiterkarrieren wie die meine sollten auch heute bei den Grünen möglich sein.

19 Verwaltung ohne Reform

Die Grünen sitzen 2015 in so vielen Landesregierungen wie nie zuvor: In Vorarlberg, Tirol, Salzburg, Kärnten, Oberös-terreich und Wien. Erfreulich ist, dass damit das bisherige Machtmonopol der meist seit Jahrzehnten dominanten Parteien in diesen Bundesländern ein Stück weit aufgebro-chen wurde.

Noch immer gibt es in dieser Hinsicht jedoch viel zu tun, sonst droht der Rückfall in monopolistische Zeiten: Die SPÖ in Wien betrachtet die Stadt beispielsweise nach wie vor als ihren Besitz. (Die ÖVP in Niederösterreich verhält sich genauso). In der öffentlichen Wahrnehmung ist praktisch nicht existent, dass die SPÖ in allen Wiener Gemeinderatsaus-schüssen die absolute Mehrheit hat. Damit hat sie im Vorfeld des Plenums eine Veto-Möglichkeit, was die Themensetzung betrifft – und das, obwohl sie im Plenum des Gemeinderats bzw. des Landtags keineswegs über die absolute Mehrheit verfügt. Im Parlament wäre so etwas undenkbar – in den Ausschüssen des Nationalrats werden immer die Mehrheitsverhältnisse des Plenums abgebildet.

Dass die Wiener SPÖ im März 2015 den Beschluss eines neuen, für sie ungünstigeren Wahlrechts durch das Abwerben eines grünen Abgeordneten unmöglich gemacht hat, mag zwar macchiavellistisch betrachtet kurzfristig ein gelungenes Manöver sein. Auf den längerfristigen Sinkflug der Wiener SPÖ hat das so gut wie keinen Einfluss. Ähnlich die ÖVP im Nationalrat, die wenige Wochen später zwei erzkonservative Stronach-Abgeordnete abgeworben hat. Das beeinflusst während der Legislaturperiode die Höhe der staatlichen Klubfinanzierung – mehr aber auch nicht.

Der ausgeprägte Föderalismus in Österreich ist seit langem Gegenstand von Kritik. Länder zusammenzulegen oder gar abzuschaffen, wie das radikale Verwaltungsreformer dann und wann schon gefordert haben, halte ich nicht für notwendig. Das wäre auch kein einfaches Unterfangen, denn natürlich haben alle Landesregierungen und Landtage zunächst einmal das nachvollziehbare Eigeninteresse, sich nicht selbst in Frage zu stellen. Aber man braucht sicher nicht neun Bauordnungen, neun Jugendschutzgesetze, neun Rauchfangkehrverordnungen, neun Länderverwaltungen bei den Schulen, neun Arten, die Pflegestufen festzustellen usw. Meine praktische Erfahrung in Wien, wo Gemeinderat und Landtag personell identisch sind: Der Landtag hat im Unterschied zum Gemeinderat fast nichts zu tun. Dabei haben die Landtage, obwohl sie legistisch kaum Bedeutung haben, prinzipiell eine wichtige Funktion: nämlich die Landesregierungen zu kontrollieren. Doch die Geschäftsordnungen der Landtage lassen es oft nicht zu, dieser Aufgabe ordentlich nachzukommen.

Die sukzessive Zusammenlegung von steirischen Bezirken und Kleingemeinden durch den langjährigen SPÖ-Landeshauptmann Franz Voves und seinen ÖVP-Vize Hermann Schützenhöfer halte ich für vorbildlich und mutig. Natürlich ist das für viele Betroffene oft ein Kulturschock, und es dauert 20 Jahre oder mehr, bis verschiedene, bisher durch Grenzen getrennte Dörfer und Regionen zusammengewachsen sind. Das ist nicht anders als bei der Fusion zweier historisch gewachsener, am Markt rivalisierender Unternehmen, etwa der Bank Austria und der Creditanstalt ab Ende der 1990er Jahre. Gerade deswegen ist diese Reform in der Steiermark, auch wenn sie womöglich nicht ausreichend erklärt worden ist, mutig. Im Vergleich dazu ist etwa im Burgenland praktisch nichts geschehen: Die Gemeinde Tschanigraben mit ihren 59 Einwohnern, davon neun Gemeinderäte, ist bestenfalls ein Kuriosum, realistischerweise aber wohl der Beleg dafür, dass es die Landespolitik verabsäumt hat, in der Verwaltung effizientere Strukturen zu schaffen. Wie das Ergebnis der letzten Landtagswahlen in diesen beiden Bundesländern offenbart, bei denen ÖVP und SPÖ große Verluste verzeichneten, war dieses Thema allein freilich nicht wahlentscheidend.

Ist mehr Autonomie für die Länder, vor allem im steuerlichen Bereich, eine Lösung? Ja und nein, ich bedaure keine eindeutige Antwort geben zu können. Ja, weil die Länder Geld ausgeben, das zu 95 Prozent aus Steuern und Abgaben des Bundes finanziert wird. Diese Asymmetrie zwischen Ausgaben- und Einnahmenverantwortung ist politisch und ökonomisch kontraproduktiv. Nein, weil Österreich ein kleines Land ist, kleiner als Bayern zum Beispiel, und Steuerunterschiede an der Landesgrenze problematische Folgen haben können. Wenn das Gasthaus in Neudau (Steiermark) höheren Steuersätzen unterliegt als jenes in Neudauberg (Burgenland) – nur ein paar Schritte über die Lafnitzbrücke entfernt –, wird sich der Wirt in Neudau zu Recht für diskriminiert halten.

Ich war deshalb immer gegen eine Regionalisierung der aufkommensstarken Steuern wie Lohn-, Umsatz-, Einkommen-, Körperschaftsteuer. Nicht ganz so heikel wäre es bei unbeweglichen Sachen (Grundsteuer, Grunderwerbssteuer) oder bei der Erbschaftssteuer. Auch bei diesem Thema habe ich jedoch meine Erfahrungen gemacht. Es gab Mitte der neunziger Jahre einmal den Versuch des Landes Niederösterreich, eine eigene Steuer einzuführen. Die überaus originelle Idee: eine Strommastensteuer. Ich war als Mitglied eines Ausschusses im Parlament damit befasst und habe sinngemäß argumentiert: „Ich halte inhaltlich nichts davon. Aber der Unsinn ist nicht so groß, dass wir es verhindern sollten, wenn ein Land einmal versucht, sein Steuerfindungsrecht wahrzunehmen." Dennoch haben die anderen Parteien die Strommastensteuer zu Fall gebracht.

Anders als die Neoliberalen, die Steuern und Subventionen grundsätzlich als Teufelszeug darstellen, sollte man aber auch klar sagen, dass all die vielen Steuern und Abgaben nicht in einem schwarzen Loch verschwinden – sie kommen ja auch irgendwo als Einkommen an, ob das nun eine Förderung für einen Sozialverein ist, ein Bauauftrag, ein Krankenschwestern- oder Lehrergehalt.

Erstmals war ich 1979 Mitglied einer Verwaltungsreformkommission. Dabei ist genauso viel herausgekommen wie bei allen vorangegangenen und nachfolgenden Kommissionen dieser Art: nichts. Traumatisch war Anfang der achtziger Jahre ein Erlebnis als Mitglied des sozialpartnerschaftlichen Beirats für Wirtschafts- und Sozialfragen in der Untergruppe Budgetpolitik. Wir bekamen den Auftrag, über mögliche Subventionskürzungen auf Bundesebene nachzudenken. In der Gruppe einigten wir uns rasch auf den bemerkenswerten

Grundsatz, dass nicht die Kürzung, sondern die Beibehaltung einer Subvention argumentiert werden müsse. Wir kamen unter anderem zum Resultat, dass die Presseförderung offensichtlich lukrativer Zeitungen wie der *Krone* nicht begründbar sei. Nachdem wir unsere Vorschläge abgeliefert hatten, bat mich der Leiter der wirtschaftspolitischen Abteilung der Arbeiterkammer zu einem Gespräch und unterbreitete mir: „Du, kannst Du das mit der *Krone* nicht herausnehmen?" Das konnte und wollte ich jedoch nicht. Unsere Vorschläge verschwanden in irgendwelchen Schubladen.

Faktum ist dennoch: In den Verwaltungsstrukturen gibt es enormes Vereinfachungspotenzial. Doch es kann nur ein Bündel von Maßnahmen sein, nicht eine einzelne Großtat, mit der ein großer Effekt zu erzielen sein wird.

Der Öffentliche Dienst ist kein Faulbett unfähiger Beamter. Im Lauf der Jahrzehnte habe ich eine Menge hochmotivierter, hervorragender Persönlichkeiten in den Ministerien, Land- und Rathäusern kennengelernt. Die wenigen, auf die das nicht zutrifft, merkt man sich halt auch. Als ich einmal im Wiener Rathaus in den Sitzungsraum für ein Ausschusstreffen wollte, stand ich um Punkt 12 Uhr vor einer verschlossenen Tür. Die zuständige Abteilung, in der acht Mitarbeiter sitzen, war offenbar geschlossen in die Mittagspause gegangen.

Ein Kernproblem jeder Verwaltungsreform: Man muss Insider sein, um zu wissen, wo der Speck ist. Doch der Insider hat gleichzeitig fast immer das geringste Interesse, dass sich etwas ändert. Im Zweifelsfall ist der Zusammenhalt von Teams und Abteilungen, wenn es um mögliche Einsparungen geht, auch verblüffend groß. Zum Glück gibt es den Rechnungshof, der sich die Missstände von außen ansieht.

An Vorschlägen, wie man die Bürokratie verkleinern und mit weniger Mitteln bürgernäher ausgestalten könnte, mangelt es dank der Rechnungshofberichte nicht. Die

Umsetzung scheitert bisher jedoch verlässlich an der Realverfassung, und das ist keine rein österreichische Erscheinung. Jean-Claude Juncker sagte einmal, als er noch luxemburgischer Ministerpräsident war: „Wir wissen alle, was wir zu tun hätten. Aber wir wissen nicht, wie wir danach noch Wahlen gewinnen können." Bis die Reformen wirken, braucht es Geduld und Zeit, vor allem Zeit; und inzwischen kommen die nächsten Wahlen. Aber Nichtstun bringt auch keine Wählergunst, siehe Burgenland 2015. Dann schon lieber in Ehren untergehen.

20 Produktivität in der Schule ...

Viele Ansätze und Konzepte des New Public Management sind bedenkenswert. Im Grunde geht es darum, was aus der Privatwirtschaft für den öffentlichen Sektor übernommen werden kann und soll. Etwa Output- und Kundenorientierung (Was will ich für welche Schülerinnen erreichen?) statt Inputfixierung (Wie viele Stunden soll die Lehrverpflichtung beinhalten?). Aber Vorsicht ist geboten. Leistungsanreize und Bonifikationen können auch zu Fehlentwicklungen führen. Eine Prämie pro erledigtem Akt im Flüchtlingswesen oder bei Gericht? Das Akkordsystem wäre hier fehl am Platz.

In der Schuldiskussion hieße Outputorientierung zunächst einmal: Was ist das Wichtigste, das die Schule den Kindern und Jugendlichen vermitteln soll? In meinen Augen ist das, die Freude am Lernen zu erhalten. Jedes Kleinkind lernt täglich, ohne Schule, durch Beobachten, Nachahmen, Zuhören, Ausprobieren, Erleben, Wahrnehmen ... Dafür braucht es unter anderem Anregungen und die Freiheit, sich die Zeit zu nehmen, die das Kind selbst für angemessen hält. Die Schule sollte diesen Prinzipien so weit wie möglich folgen.

Kinder lernen im Unterricht, aber auch voneinander, und in einer Architektur, die diese Kommunikation begünstigt oder erschwert. Wenn man eine der zahllosen Schulen betritt, die noch aus der k.u.k.-Zeit stammen, bemerkt man schnell, dass diese Architektur eher militärisch als pädagogisch motiviert ist. Moderne Ganztagsschulen benötigen ohnehin eine ganz andere Architektur als herkömmliche Halbtagsschulen.

Outputorientierung hieße auch, die Ergebnisse der periodischen PISA[48]-Tests endlich ernster zu nehmen. Wenn sich regelmäßig herausstellt, dass rund ein Fünftel der Fünfzehnjährigen unzureichend rasch sinnerfassend lesen kann, ist das ein Alarmzeichen. Diese Jugendlichen werden es sehr schwer haben, am Arbeitsmarkt Fuß zu fassen und tragen ein hohes Arbeitslosen- und Armutsrisiko.

Der Zentralmatura hätte ich geringere Priorität zugemessen. Ziel der Zentralmatura ist wohl, eine gewisse Standardisierung der Maturazeugnisse zu erreichen und damit Informationen nicht nur über die Kenntnisse der Schülerinnen und Schüler, sondern auch über die Qualität der Lehrkräfte zu liefern. Wird diese Information irgendwelche Konsequenzen haben? Für wen und durch wen? Abgesehen davon lief in der Vorbereitung dieses Projekts vieles schief. Ich erinnere mich an den Text beim Probelauf im Fach Deutsch: Nicht nur, dass ein Autor ausgewählt wurde, dem eine Nähe zum NS-Regime nachgewiesen wurde, die literarische Qualität war mehr als dürftig. Nach Lektüre des Textes konnte ich mich nur noch wundern: Einer durchaus akkuraten Beschreibung eines Gartens folgte eine groteske Passage über Schnecken. Dass dieser Text gewählt wurde, spricht nicht dafür, dass die Zentralmatura einer herkömmlichen Matura an einer beliebigen AHS überlegen sein wird.

Viel ist die Rede von mehr Schulautonomie, also mehr Selbstständigkeit, Selbstbestimmung und Freiheit für die einzelne Schule. Das klingt gut, aber was heißt das konkret? Mehr Freiheit für den Direktor, für das Lehrpersonal, oder gar für die Schülerinnen? Und in welchen Bereichen? Ich bin ein Freund von Autonomie, so viel sollte schon klar sein, aber es besteht ein Risiko, dass autonomere Schulen die jetzigen, nicht zuletzt budgetär bedingten Mängel selbst verwalten müssen und die Dokumentationspflichten gegenüber der Zentralbürokratie noch weiter anwachsen. Die seit 2002 autonomen Universitäten bieten dafür reiches Anschauungsmaterial.

Mehr Autonomie der Schule wird wohl bedeuten, dass zu erreichende Mindeststandards in einzelnen Fächern zentral definiert werden und der Rest der Schule überlassen wird. In meiner Zeit als Schüler hatten die Lehrer (im Gymnasium waren es ausschließlich Männer) viel Freiheit: Es gab wohl Schulbücher, aber kaum einen Lehrer, der sie im Unterricht auch eingebaut hat. Das System insgesamt war in den sechziger Jahren zwar autoritärer, aber die Vermittlung der Inhalte war, vom Lehrer aus gesehen, liberaler.

Ähnliches kann man an den Universitäten beobachten. Manfried Welan, Professor des Öffentlichen Rechts und lange Zeit Rektor der Universität für Bodenkultur, ist der Auffassung, dass vor dem Universitätsgesetz 2002, als die Universitäten noch nicht autonom waren und man wegen jeder Kleinigkeit ins Ministerium musste, die individuellen Professoren selbst autonomer waren und einen höheren Freiheitsgrad hatten als heute, wo das System autonom ist. Da ist etwas dran: Clemens August Andreae hat mir, als ich meine Universitätskarriere in den sechziger Jahren begann, noch vom Professoren-Dasein vorgeschwärmt: man werde ausreichend gut bezahlt, habe stets mit intelligenten, jungen Leuten zu tun und keinen Chef über sich. Letzteres ist heute anders, heute sind Sie zumindest dem Rektor Rechenschaft schuldig.

Natürlich kann man ebensogut die These vertreten, dass sich die Freiheit im neuen System schlicht besser verteilt und nicht mehr nur eine Freiheit der *beati possidentes* ist, der glücklichen Besitzenden, die nun einen Teil ihrer alten Herrlichkeiten verloren haben. Doch ob die Ausrichtung nach ausschließlich output- und effizienzorientierten Produktivitätskriterien insgesamt zu mehr Qualität führen wird, wage ich zu bezweifeln.

Beim wissenschaftlichen Personal etwa ist zu hinterfragen, ob der vorrangige Leistungsindikator, wie viel und in welchen Journalen jemand publiziert hat, nicht zu dominant geworden ist. Die Fokussierung auf Papers, also auf wissenschaftliche Aufsätze und Bücher, hat natürlich einen guten Grund, nämlich persönliche Freund- und Feindschaften so weit wie möglich zurückzudrängen: Egal ob Sie beim CV oder den Freimaurern sind, das soll keinen Einfluss auf Ihre Uni-Karriere haben. Doch ich frage mich, ob der Umfang der Publikationsliste auch wirklich alle wünschenswerten Fähigkeiten eines Professors widerspiegelt. Der 2010 verstorbene Historiker Tony Judt schwärmt in einem Artikel in der *New York Review of Books*[49] von einem Professor in Cambridge, der ihn durch seine Hochintelligenz und Vortragskunst stark beeindruckt und beeinflusst hat. Nur: Publiziert hat dieser Professor fast nichts. Er würde im jetzigen System nicht überleben.

Paradoxerweise kommt es an den autonomen Universitäten nach allgemeiner Klage zu einer zunehmenden Verschulung und Scheinstandardisierung. Daran sei die europäische Bologna-Architektur schuld, das mit seinem dreistufigen System Bachelor – Master – Doktor auf eine europaweite Harmonisierung der Studiengänge abzielt.[50] Diese Schuldzuschreibung teile ich nicht, denn für die Studienpläne sind die Universitäten selbst zuständig, sie hätten also jede Menge

Spielraum. Problematisch ist eine andere Folge des Bologna-Systems, nämlich die Bewertung jeder Lehrveranstaltung mit sogenannten ECTS-Punkten[51]. Diese Punkte sollen den zeitlichen Aufwand der Studierenden abbilden. Aber nicht nur ist in keiner Weise gewährleistet, dass für die Einschätzung dieses Aufwands in Stockholm und in Palermo dieselben Maßstäbe gelten, sondern vor allem: Die ECTS-Punkte messen, wenn sie überhaupt etwas messen, ausschließlich den Input für eine Lehrveranstaltung, aber nicht deren Output, also das eigentliche Lernresultat.

21 ... und in der Privatwirtschaft

Mein Vater betrieb ein „Handelskontor". Das heißt, er ex- und importierte Waren, unter anderem Stickstoffdünger – sein Hauptkunde waren die Stickstoffwerke Linz, die spätere Chemie Linz –, spanischen Cognac und andere Dinge. Von daher hatte ich ein ungestörtes Verhältnis zum privaten Unternehmertum. Als ich noch Student und meine Zukunft ein weitgehend unbeackertes Feld war, habe ich dennoch oft über eine Karriere in der Privatwirtschaft gespottet, nach dem Motto: „Warum soll ich Hüte verkaufen?" Das hatte schlicht mit Vorurteilen zu tun, die durch Praktika, die im Studium vorgeschrieben waren, bei einer Bank in Hamburg und einer weiteren Bank in Stockholm genährt wurden. Da wie dort musste ich Karteikarten schlichten und lernte nichts; kein Mensch hat sich für mich interessiert oder mir gar etwas beigebracht.

Als ich 1968 an der Uni Innsbruck als Assistent zu arbeiten begonnen habe, war ich ein klassischer Linker. An der Verstaatlichten Industrie hatte ich nichts auszusetzen. Deren Entstehung war funktional logisch: Irgendetwas musste mit dem

„deutschen Eigentum" in den Besatzungszonen nach dem Zweiten Weltkrieg ja geschehen. Erst viel später realisierte ich, dass „die Verstaatlichte" zugleich als Auffangbecken für frühere Nazis diente, soweit sie von Unternehmensführung etwas verstanden. Im Nachkriegs-Österreich war das freilich nichts, was diesen Sektor besonders auffällig gemacht hätte.[52] Von einer Freiheit des privaten Sektors war zudem in dieser Zeit – den späten sechziger Jahren, Anfang der siebziger Jahre – in Österreich noch nicht viel zu bemerken: Es gab ein Spanplattenkartell, ein Bierkartell, ein Zuckerkartell, ein Zinskartell, ein Baukartell – alles Strukturen, die zu Lasten Dritter gingen, nämlich zu Lasten der Konsumenten. Meine antikapitalistischen Ressentiments waren vielleicht auch diesen praktischen Beobachtungen geschuldet.

Nachdenklich gemacht hat mich eines Tages jedoch eine biographische Notiz meines Uni-Professors Andreae, die er mir einmal erzählt hat. Sein Vater Wilhelm Andreae war auch Professor gewesen, zunächst in Graz, ab 1933 dann im deutschen Gießen. 1942 entfernten ihn die Nazis von seinem Uni-Posten. Unterschlupf habe er bis Kriegsende bei privaten Firmen gefunden. – Zwar habe ich diese Geschichte nie lückenlos nachprüfen können.[53] Doch in Stalins Reich, so ging es mir angesichts meiner eigenen Familiengeschichte durch den Kopf, hätte es ein in Ungnade gefallener Professor wohl schwerer gehabt. Der Privatsektor kann selbst in totalitären Regimen einen Freiheitsraum bieten.

Und 1985, als die Voest-Krise ausbrach, wurden mir ohnehin die Augen geöffnet. Das staatswirtschaftliche Modell, so wie es praktiziert wurde, funktionierte nicht mehr. Der Vorteil von freien Märkten wurde mit einem Mal augenscheinlich. Die Ostöffnung 1989 und der EU-Beitritt 1995 waren danach entscheidende Motoren für die Internationalisierung der österreichischen Wirtschaft.

Heute habe ich größten Respekt vor den Leistungen des privaten Sektors, die insbesondere nach dem Ende der Kartelle offenkundig geworden sind. Nicht nur die Großbanken und die Industrie, auch tausende Klein- und Mittelbetriebe haben nach dem Fall des Eisernen Vorhangs mit Erfolg ins Ausland expandiert. Marken wie Red Bull, Swarovski, Riedel oder KTM kennt man heute in der ganzen Welt. Diese Erfolge haben den Sektor anziehend gemacht. Wären meine Erfahrungen bei meinen Praktika in Hamburg und Stockholm nicht so negativ ausgefallen, hätte ich mir auch gut eine Laufbahn als Volkswirt in einer international tätigen Bank vorstellen können.

Großartig finde ich, wie sich österreichische Unternehmen, und nicht nur jene aus dem Finanzsektor, nach 1989 in den Ländern der ehemaligen k.u.k.-Monarchie festgesetzt haben. Dass österreichische Firmen die größten Investoren in Ländern wie Tschechien, der Slowakei oder Kroatien sind, hat wohl auch damit zu tun, dass sie die Mentalität dieser Länder besser verstehen.

Manchmal schmökere ich in dem wunderbaren Buch *Der habsburgische Mythos in der modernen österreichischen Literatur* des Triestiner Germanisten Claudio Magris, verfasst 1963.[54] Darin gibt es mehrere Stellen darüber, dass die staatliche Verwaltung und die Beamten in der Monarchie einen guten Ruf hatten: unparteiisch, verlässlich, rechtsstaatlich. Der österreichische Teil Polens soll auch vergleichsweise liberaler gewesen sein, als die von den Deutschen und Russen besetzten Gebiete. Es ist zwar schwer zu begreifen, dass so etwas fast hundert Jahre nach dem Zusammenbruch der Monarchie noch Gewicht haben kann. Doch ihre positiven Seiten – *last not least* relativ positiv im Vergleich zu den nationalen Schicksalen 1939 bis 1989 – scheinen im kollektiven Erinnerungsschatz dieser Länder teilweise noch vorhanden zu sein. Darauf können die dort investierenden Privatunternehmen aufbauen.

Als Wirtschaftsprofessor tat ich mir bei den Grünen mit positiven Äußerungen zu großen Unternehmen, insbesondere multinational agierenden Konzernen, lange Zeit schwer. Ich hatte beispielsweise einmal einen größeren Konflikt mit der Grünen Bildungswerkstatt Tirol auszufechten. Diese parteiinterne Bildungseinrichtung weigerte sich, eine Konferenz mitzufinanzieren, auf der unter anderem auch ein Mitglied des Tiroler Unternehmens Swarovski auftrat. Für den damaligen Vorstand der Bildungswerkstatt waren Swarovski & Co. Globalisierungsfreunde, und so etwas galt damals automatisch als suspekt.

Globalisierungsgegner bin ich schon deshalb keiner, weil das Beispiel China zeigt, dass der Wirtschaftsaustausch über Staatsgrenzen hinweg hunderte Millionen Menschen aus der Armut befreien kann, wie das seit der Öffnung unter Deng Xiaoping 1978 zu beobachten ist. Die Probleme im ökologischen und sozialen Bereich sind zwar offenkundig – aber auch diese Probleme, so ist mein Eindruck, werden in den letzten Jahren systematisch angegangen. Es ist unglaublich, welchen Investitionsschub China etwa im Bereich der Erneuerbaren Energien getätigt hat. Bei aller notwendigen und gerechtfertigten Kritik am autoritären politischen System und der Menschenrechtssituation in diesem riesigen Land sollte das dennoch nicht übersehen werden.

Auch den neuen wirtschaftlichen Möglichkeiten im digitalen Sektor stehe ich positiv gegenüber: Selbst wenn ich persönlich kein Kunde der zahllosen Vermittlungsplattformen wie Uber oder Airbnb bin und wahrscheinlich auch nicht mehr werde: Die dahinter liegenden Geschäftsmodelle haben es in sich, ganze Wirtschaftszweige umzukrempeln. Und weil sich das Ganze in oft stark reglementierten Industrien abspielt, ist naturgemäß der Widerstand zunächst enorm.

Denken Sie nur an das Taxigewerbe. Seine Ausübung ist an Konzessionen gebunden, die Preisgestaltung ist stark reglementiert. Zwei bis drei Anbieter dominieren den Markt, sie bestimmen in der Regel auch die Interessenvertreter, die über Ausbildungsstandards und die Preise wachen. Da erscheint jemand wie der kalifornische Fahrtenvermittler Uber, der die Vermittlung privater Fahrten über das Smartphone ermöglicht, wie ein Außerirdischer auf der Bildfläche. Es gibt noch viele Fragen zu klären, von Haftung über Steuern bis Hygiene – dafür wird es auch in der digitalen Wirtschaft Regeln brauchen. Aber prinzipiell sind diese Geschäftsmodelle positiv zu sehen – sie zwingen auch die etablierten Anbieter zur Innovation.

Auch die Universitäten stehen vor neuen Herausforderungen. Sogenannte MOOCs (*Massive Open Online Courses*) sind interaktive Online-Lehrveranstaltungen, die jederzeit und überall auf der Welt mitverfolgt werden können. Physische Anwesenheit von Professorin bzw. Studentin entfällt ebenso wie die Platzbeschränkung im Hörsaal. Das schafft neue Freiheitsräume insbesondere für Studierende fernab der Universitätsstädte. Die Technische Universität München zum Beispiel experimentiert schon seit einiger Zeit mit dieser neuen Form der Wissensvermittlung.

Bezüglich der geplanten, breit diskutierten Freihandelsabkommen TTIP und CETA zwischen der EU und den USA bzw. Kanada bin ich als Volkswirt nicht so nervös wie viele andere. Freihandel ist ökonomisch sinnvoll; gehandelt wird zwischen den USA und der EU jetzt auch, und wenn es in Zukunft unter sichereren Rahmenbedingungen erfolgt, umso besser. Die üblichen Fragen wie Kennzeichnungspflichten, Standards usw. sind zu verhandeln und werden sich lösen lassen. Der tatsächliche Knackpunkt sind die begleitenden Investitionsschutzabkommen. Denn natürlich muss ein

Unternehmen, das vom Staat *de facto* enteignet wird, entschädigt werden. Wäre das durch die Volksabstimmung 1978 gescheiterte Atomkraftwerk Zwentendorf von einer privaten Firma errichtet worden, hätte es Schadenersatz geben müssen. Zwischen einer De-facto-Enteignung und einer weniger gravierenden Veränderung der Rahmenbedingungen gibt es aber riesige Graubereiche. Ich glaube nicht, dass eine neue Gerichtsbarkeit im Handel zwischen der EU und den USA nötig sein wird, um diese Probleme zu lösen – in diesem Punkt haben die TTIP-Kritiker absolut recht. Private Schiedsgerichte entziehen sich auf eine gefährliche Art und Weise der öffentlichen Kontrolle.

Seit dem Beginn der weltweiten Finanzkrise 2008 scheinen der Freihandel von Gütern, aber auch die freie Bewegung von Arbeit und Kapital imagemäßig in der Defensive zu sein. Sicher braucht das alles Regeln, aber die Vorteile großer Entscheidungsfreiheit für Produzenten wie Konsumenten liegen doch auf der Hand. Vor lauter Alarmschlagen wird man allzu leicht taub und blind für die langfristige Perspektive. Besonders ausgeprägt scheint das in der EU zu sein.

III. EUROPA IN DER WELT

22 Verstörende Signale

Was Europa in den vergangenen 70 Jahren geschafft hat, ist faszinierend. Aus einem Kontinent, der am Ende des Zweiten Weltkriegs in Schutt und Asche lag, ist ein wirtschaftlich prosperierender Erdteil geworden, der auch politisch immer stärker zusammengewachsen ist. Herzstück des Projekts waren die Grundfreiheiten, die der EU zugrunde liegen wie die Stränge der DNA: die Freiheit des Dienstleistungsverkehrs, des Warenverkehrs, des Kapitalverkehrs und des Personenverkehrs. Letztere liegt mir besonders am Herzen, und sie begünstigt in den letzten Jahren so manche Sorgenfalte.

Als ich Anfang der siebziger Jahre für längere Zeit an das neu gegründete Wissenschaftszentrum im damaligen Westberlin ging, musste ich mich noch jedes Jahr bei der Fremdenpolizei anstellen. Zwar erhielt ich als Österreicher Aufenthalts- und Arbeitsgenehmigung ohne Probleme, aber es war eine Gnade, die mir gewährt wurde, und kein Recht. Das hat mich zeitig für dieses Thema hellhörig gemacht.

Als ich bei den Grünen begann, musste ich immer wieder erklären, warum mir die Freiheit des Arbeitsmarktes in der EU so wichtig ist. In meiner Vorstellungsrede als Nationalratskandidat beim Klagenfurter Bundeskongress im Dezember 1993 habe ich gesagt: „Ich komme bekanntlich aus Tirol. Als ich eine Professur an der Uni Wien erhielt, brauchte ich dafür weder eine Aufenthalts- noch eine Arbeitsbewilligung in Wien. Deshalb bin ich für den Europäischen Wirtschaftsraum." Mit dieser Ansicht blieb ich zwar in der Minderheit, aber meine Kandidatur wurde bestätigt. Ein gutes Jahr später waren mit dem EU-Beitritt Österreichs die Mobilitätsbarrieren

Geschichte. Und inzwischen sind auch über 100 Millionen Menschen, die früher hinter dem sogenannten Eisernen Vorhang lebten, in den Genuss dieser Freiheiten gekommen, die das Fundament des geeinten Europa ausmachen. Die Freizügigkeit am Arbeitsmarkt ist natürlich vielgesichtiger als etwa die Reisefreiheit. Denn die Freiheit, irgendwo in Europa einen Arbeitsplatz anzunehmen, bedeutet zugleich: Die internationale Konkurrenz am Arbeitsmarkt wird größer. Je geringer die Qualifikation, umso stärker spürt man diese Konkurrenz. Das bietet reichlich Angriffsfläche für Anti-EU-Populisten.

Dass diese Säule ausgerechnet im Mutterland des Liberalismus in Frage gestellt wird, finde ich verstörend. Der britische Premier David Cameron, der sich in seinem Heimatland unter dem Druck der eurokritischen United Kingdom Independence Party (UKIP) befindet, hat eine Einschränkung der Arbeitnehmerfreizügigkeit gefordert. Sein Wahlsieg im Mai 2015, bei dem die konservativen Tories die absolute Mehrheit erreicht haben, dürfte Cameron in seiner Position bestärkt haben. Ich fürchte nun, dass es unter dem Druck der Rechtspopulisten Europas einen regelrechten Wettbewerb darum geben wird, wer zuerst etwas zurückschraubt. Ihnen allen muss man sagen: Eine Freizügigkeit, die eingeschränkt wird, ist keine mehr.

Übrigens war ich kein EU-Beitrittsbefürworter der ersten Stunde. Bis Mitte der achtziger Jahre war ich der Meinung, dass Österreich in der Europäischen Freihandelszone EFTA genauso gut zurechtkäme. Die Sowjetunion hätte bei einem Beitritt zur damaligen EG, der Europäischen Gemeinschaft, überdies größte Probleme machen können. Denn im Staatsvertrag von 1955 war ja ein wirtschaftlicher Anschluss an Deutschland untersagt worden. Dieses Argument ist mit der Auflösung der Sowjetunion obsolet geworden.

Überzeugt hat mich dann ein Gespräch mit dem damaligen Finanzminister Ferdinand Lacina. Er hat mir erst einmal vorgerechnet, dass eine Mitgliedschaft ein geringfügig höheres Wirtschaftswachstum bringt. Das allein hätte mich zwar noch nicht vom Hocker gerissen. Aber dann hat er argumentiert, dass nur mit einem Beitritt auch die verkrusteten Strukturen der Wirtschaft aufgebrochen werden können, womit er unter anderem die zahlreichen Kartelle gemeint hat. Auch große Teile der Nahrungsmittelindustrie befanden sich damals fest in der Hand der Sozialpartner, das war mit entsprechenden Markteintrittsbarrieren verbunden. Dieses zweite Argument hat mich überzeugt, und es hat sich im Nachhinein als richtig herausgestellt.

Wie man es heute trotz aller augenscheinlichen Schwierigkeiten in der Union auch dreht und wendet: Es gibt hunderte grenzüberschreitende Probleme, und die können alle nur transnational gelöst werden. Stets bilaterale Verhandlungen ohne institutionelle Struktur dahinter führen zu müssen, ist ein verlässliches Rezept für Scheitern, zumindest für riesige Zeitverluste. Insbesondere meinen Freunden bei den globalisierungskritischen Organisationen, die prinzipiell Misstrauen gegen große, transnationale Konzerne haben, muss ich immer wieder sagen: „Nehmen wir einmal an, euer Misstrauen ist berechtigt. Dann braucht es doch umso mehr transnationale politische Strukturen, um den Konzernen ein ernsthaftes Gegengewicht entgegenzustellen!" Inzwischen denkt kein ernstzunehmender Funktionär der Grünen noch daran, aus der EU auszutreten; sie sind inzwischen die europafreundlichste Partei in der österreichischen Parteienlandschaft geworden.

Weder Wettbewerbspolitik noch Flüchtlingspolitik noch Klimapolitik kann heute betrieben werden, wenn man sich national einigelt und freiwillig verzwergt. Das sollten wir uns in Erinnerung rufen, wenn der augenscheinliche Reformbedarf der Unions-Institutionen alles andere überlagert. Bei aller gerechtfertigten Kritik im Einzelnen dürfen wir die langfristigen Ziele nicht aus dem Auge verlieren. Die erhitzt geführte Diskussion über die angebliche Überregulierung in der EU ist in dieser Hinsicht besonders kontraproduktiv.

23 Freiwillige Einengung

Regeln beschränken die individuellen Freiheiten, sind aber auch notwendig, um diese Freiheiten für möglichst viele erst nutzbar zu machen. In einem Gebilde aus 28 Staaten die richtige Dosis zu finden, ist ein Kunststück.

In letzter Zeit häufen sich die Klagen über den „Regulierungswahn" der Union – den Eindruck, dass sie sich in immer mehr Lebensbereiche einzumischen scheint, geradezu die Freiheiten auf diesem Wege wieder einschränkt. Je nach Bedarf werden Richtlinien über Glühbirnen ebenso wie zur Kreditvergabe, Normierungen von Haushaltsgeräten ebenso wie im Spitalswesen auf die EU geschoben. Auch die Wirtschaft stöhnt, dass sie immer weniger zum Geschäftemachen komme angesichts der Flut von neuen Regularien.

Treten wir einmal einen Schritt zurück. Natürlich ist nicht jede Regulierungsmaßnahme a priori das Gelbe vom Ei. Und offenkundig ist die Gefahr groß, dass die Bürokratie – die notwendig ist, um die Einhaltung der Regeln zu überwachen – zu aufgebläht wird. Ich begrüße daher, dass die Ende 2014 angetretene EU-Kommission unter Jean-Claude Juncker „Better Regulation" zu einem Programm gemacht hat. Ziel ist es, den bestehenden Regelbestand zu entrümpeln und bei jeder neuen Richtlinie und Verordnung genau zu hinterfragen, ob sie auf europäischer Ebene überhaupt notwendig ist, oder ob das adressierte Problem besser auf einer niedrigeren Ebene gelöst werden kann. Dass das Problembewusstsein dafür gewachsen ist, ist ein Indiz dafür, dass das System lernfähig ist.

Leider gibt es eine außerordentlich hohe Bereitschaft, Unsinn, der über die EU erzählt wird, auch zu glauben. Ein Beispiel: Vor einigen Jahren haben Kabarettisten auf der Wiener Mariahilfer Straße die Passanten mit unterschiedlichen Aussagen über die EU konfrontiert. Diese Statements waren von aufsteigender Absurdität. Eines der harmloseren war, dass die Pummerin im Stephansdom aufgrund einer neuen Lärmschutzrichtlinie der EU zu Silvester künftig nicht mehr läuten dürfe – worauf die Leute natürlich „Skandal! Unerhört!" gerufen haben. Weiter ging es über Gender-Richtlinien für die Wiener Sängerknaben bis hin zur Behauptung, dass der nigerianische Drogenhandel in Wien nun EU-bedingt unter Denkmalschutz gestellt werden solle. Erst da kamen den Passanten Zweifel, ob das wirklich wahr sein könne. Und spätestens da wurde mir klar, warum ich bei meinen EU-Vorträgen oft das Gefühl hatte, einen immer gleichen Personenkreis damit zu erreichen – nämlich jene, die tendenziell eh meiner Meinung waren.

Hinter der meist in den Boulevardmedien vorgetragenen Kritik am „Bürokratiemonster Brüssel" steckt meistens nur simpler Populismus oder Branchenlobbyismus. Der Ruf nach einem „Regulierungsstopp" ist etwa besonders laut aus der Ecke der Bankenvertreter zu hören. Wer aber den Tageslärm ausblendet, erkennt rasch, dass etwa die neuen Regulierungen im Finanzsektor in die richtige Richtung gehen. Niemand wird bestreiten können, dass die Finanz- und Wirtschaftskrise ab 2008 von einem deregulierten Bankensektor ausgegangen ist. Wenn jetzt versucht wird, die Transparenz zu erhöhen und die Pleitegefahr der Institute zu minimieren – dann ist das prinzipiell vernünftig. Oder sollen wir so weitermachen wie bisher? Oder nehmen wir ein anderes, seit mindestens 30 Jahren aktuelles Problem: den anthropogenen Treibhauseffekt. Weltweit werden zu viele Treibhausgase emittiert, darunter vor allem Kohlendioxid bei der Verbrennung von Kohle, Öl und Gas. Das verursacht einen langfristigen weltweiten Klimawandel mit unsicheren, möglicherweise katastrophalen Folgen, spätestens *jetzt* wäre gegenzusteuern. Darüber herrscht Konsens, auch mit Papst Franziskus. (Nicht aber mit der Umweltsprecherin der FPÖ, die das Ganze für ein mediales Lügengebäude und eine Verschwörung internationaler Klimatologen hält.)[55]

Die wesentlichen Emissionsverursacher sind der Verkehr, soweit er mit Benzin- oder Dieselmotoren erfolgt, Heizungen mit fossilen Brennstoffen und industrielle Emittenten. Auf den Markt ist bei der Reduzierung der Emissionen kein Verlass; der Preis fossiler Brennstoffe spiegelt nicht die langfristigen Schäden der Klimaveränderung wider. Nicholas Stern hat in seiner berühmten *Review of the Economics of Climate Change* (2006) daher vom „größten Marktversagen aller Zeiten" gesprochen.[56] Wenn aber der Markt versagt, sind staatliche Eingriffe und Maßnahmen mit den damit einhergehenden Beschränkungen der Handlungsfreiheit von Produzenten und Konsumenten nötig. Diese können Energiesteuern oder Förderungen erneuerbarer Energieträger wie auch Methoden für den Handel von Emissionslizenzen (*Emissions Trading Systems*, ETS) umfassen, jeweils auf nationaler und / oder europäischer Ebene.

Ein besonderes Handicap nationaler Anti-Treibhaus-Politik besteht darin, dass jeder Staat, sogar die EU insgesamt, starke Anreize zum „Trittbrettfahren" hat: Die Nutzen aus Treibhausgasminderungen kommen allen zugute, sie sind ein globales öffentliches Gut; am bequemsten wäre es daher für jeden Staat, alle anderen würden entsprechende Maßnahmen treffen, nur er selbst nicht. Es ist insofern nicht verwunderlich, dass seit dem Kyoto-Protokoll (2005) keine international verpflichtenden Abkommen zustande gekommen sind. Aber der Problemdruck steigt.[57] Die staatlichen Maßnahmen der Emissionsminderung können bei den Betroffenen Übelkeit und Beschwerden auslösen, vor allem wenn sie zu Wettbewerbsnachteilen auf internationalen Märkten führen. Soweit kann ich dem Lamento so mancher Generaldirektoren von energieintensiven Industrieunternehmen folgen. Aber das ändert nichts daran, dass wir in einem Übergang vom Karbonzeitalter in eine völlig neue Industriewelt leben. Das Ziel, unseren Planeten auch noch in den kommenden Jahrhunderten lebenswert und -fähig zu erhalten, rechtfertigt auch eine Einengung jener Freiheiten, die wir bisher zu haben glaubten. Das hat mit Puritanertum, das ich ablehne, nichts zu tun. Im Unterschied zum einsam unterm Gipfelkreuz sitzenden Raucher schädigt der über die Autobahn brausende Lenker eines fossil betriebenen Fahrzeugs unmittelbar seine Um- und Nachwelt. Seine Freiheit verdient keinen Schutz.

In mitteleuropäischen Staaten gewinnt die Debatte um Herkunft und „Reinheit" von Lebensmitteln an Schärfe. Im Wesentlichen geht es hier nicht um Ge- und Verbote oder Steuerfragen, sondern um Kennzeichnungspflichten und deren Verlässlichkeit. Darin sehe ich keinen Verstoß gegen libertäre Vorstellungen. Es ist völlig legitim, dass ein Kunde wissen will, was er kauft. Und wenn er es nicht wissen will, so ist es mir zwar nicht unbedingt recht, aber ich lasse auch ihm seine Freiheit.

Bei der seit 2014 verpflichtenden Allergen-Kennzeichnung von Speisen in Gasthäusern bin ich mir nicht sicher, ob sich die Sache lohnt. Ich persönlich bräuchte die Kennzeichnung nicht, da ich auf nichts allergisch bin außer auf Milch (und auf dumme Vorurteile, aber das gehört nicht hierher). Aber es gibt natürlich Menschen, die beispielsweise auf Erdnüsse schockartig allergisch reagieren. Und was in einer Sauce genau drin ist, kann man nicht immer wissen. Ist es nun zumutbar, dass Allergiker sich jeweils beim Gastwirt Auskunft holen, oder ist die allgemeine, auf der Speisekarte aufgedruckte Information effizienter? Der Gastwirt sollte so oder so wissen, was seine Speisen alles enthalten; weiß er es nicht, wird sich der Allergiker ein anderes Restaurant suchen müssen. Ist der Gastwirt aber zur Kennzeichnung verpflichtet, so muss eine Behörde – das Marktamt – deren Richtigkeit überprüfen. So entsteht zusätzliche Bürokratie.[58] Aber wie gesagt, vielleicht ist die Ersparnis an Transaktionskosten zwischen Gast und Wirt gewichtiger als diese Bedenken.

Vielleicht leidet die EU unter zu vielen Regeln „aus Brüssel" – denen nationale Politiker zuvor stets zugestimmt haben, wovon sie nachher nichts wissen wollen –, vielleicht aber auch nicht. Persönlich glaube ich, dass das Europas geringstes Problem ist. Ich glaube aus anderen Gründen: Es ist dringend notwendig, die EU institutionell und vertraglich weiterzuentwickeln.

24 Dauerbaustelle Europa

Joschka Fischer beschreibt in *Scheitert Europa?*[59] zwei Krisen, die die Europäische Union aktuell beschäftigen: eine Souveränitätskrise als Folge der Wirtschafts- und Finanzkrise, und seit 2014 – dem Beginn des militärischen Konflikts zwischen der Ukraine und Russland – eine strategische Sicherheitskrise, die zwar gefährlich ist, aber paradoxerweise für die Union sogar hilfreich sein könnte, wenn sie sie zusammenschweißt. Diese Analyse teile ich. Die Mitgliedsstaaten der Union – und nicht nur ihre rechtspopulistischen Parteien von der UKIP über den Front National bis zu den Wahren Finnen – klammern sich an einen überholten Souveränitätsbegriff, der sich in der politischen Struktur der EU leider spiegelt. (Ich komme gleich darauf zurück.) Für die west- und mitteleuropäischen Kleinstaaten, und dazu gehört im Weltmaßstab auch Deutschland, ist Selbstbestimmung, Eigenständigkeit und Unabhängigkeit – also kurz: nationale Souveränität – eine Illusion, ein veraltetes Konzept, das wohl noch auf Vorstellungen des 19. Jahrhunderts zurückgeht. Mit moderner (nationaler) Freiheit im 21. Jahrhundert hat das nichts mehr zu tun. Dazu nur einige wenige Argumente.

In einem derart eng verflochtenen Wirtschaftsraum, wie ihn die Europäische Union mit ihrem Gemeinsamen Binnenmarkt inzwischen darstellt, lassen sich die Wirkungen wirtschaftspolitischer Maßnahmen nicht national begrenzen. Als Irland 2008 eine unbeschränkte staatliche Haftung für Bankeinlagen einführte, zogen alle anderen Mitgliedsstaaten nach; zu groß schien das Risiko von Kapitalabflüssen. Erst später konnte in einer gemeinsamen (!) Aktion die Haftung auf 100.000 Euro begrenzt werden. Als Deutschland eine Verschrottungsprämie für Autos einführte, gedacht als Absatzbelebung für die deutsche Industrie, profitierten vor allem Produzenten von Klein- und Mittelklassewagen in Tschechien und Rumänien davon. Wenn eine Bank in Griechenland kracht, breitet sich die Erschütterung quasi seismographisch über Europa aus, je nach transnationaler Verflechtung der Kreditinstitute. Wenn spanische Staatsanleihen unter Verkaufsdruck geraten, d.h. die Kurse fallen und die impliziten Zinssätze entsprechend steigen, entsteht Ansteckungsgefahr für italienische und portugiesische Staatsanleihen. Nur die

Europäische Zentralbank hat die Mittel und die Reputation dem glaubhaft gegenzusteuern, wie es Mario Draghi 2012 auch tat („The ECB will do whatever it takes …"). Maßnahmen gegen den drohenden Klimawandel, vom Ausbau Erneuerbarer Energie bis zu transnationalen Stromnetzen, gehören EU-weit koordiniert. Und schließlich, welcher Mitgliedsstaat ist groß und mächtig genug, Konzerngiganten wie Google oder Microsoft bei Missbrauch ihrer Marktmacht die Stirn zu bieten? Keiner; nur die Europäische Kommission kann das, und sie tut es auch. Und abgesehen von diesen grenzüberschreitenden Wirtschaftsfragen gilt es auch, Interessen gegenüber Russland, China oder den USA zu vertreten; aber jeder europäische Zwergstaat für sich allein? Die Vorstellung ist lachhaft. Souveränität kann nur gemeinsam erreicht werden, indem sie transnational „in Brüssel" gebündelt wird. Wenn es die EU nicht gäbe, müsste man sie erfinden. Allerdings mit einer anderen politischen Struktur.

Zurück zu Joschka Fischer. Er schlägt nach der oben skizzierten Analyse vor, man solle sich bei EU-Reformen auf den Kern, die Eurozone, beschränken. Eine europäische Regierung der Eurozone also, und eine „Euro-Kammer", die aus Delegierten der nationalen Parlamente beschickt wird. Letzteres ist problematisch: Der Arbeits- und Zeitaufwand für ein Mitglied von zwei Parlamenten ist enorm. Und eine Europäische Regierung nur für die Eurozone? Warum nicht noch einen Schritt weiter gehen?

Der Mangel an Entscheidungs- und Handlungsfähigkeit Europas, das ständige Vertagen von noch so dringlichen Entscheidungen ist im Kern weder dem Europäischen Parlament noch der Europäischen Kommission geschuldet. Sondern dieser Mangel wurzelt im Europäischen Rat, dem Klub der nationalen Regierungschefs. Dieser stellt eine Art europäischer Überregierung dar, neben der und abgehoben von der

Europäischen Kommission. Dort, im Europäischen Rat, geht nichts weiter, dort kann man sich nicht einigen, dort sind die nationalen Interessen wichtiger. Und das liegt nicht an irgendeiner speziellen Unfähigkeit der nationalen Regierungschefs, sondern primär an den widersprüchlichen Anreizen, denen sie ausgesetzt sind.

Die Konstruktionsschwächen des Systems kann man mit einem einfachen Gedankenexperiment veranschaulichen. Stellen wir uns einmal vor, Österreich verfügte über eine der jetzigen EU analoge politische Struktur. Die Rechte des Parlaments wären deutlich gestutzt, und es wäre etwas anders zusammengesetzt aufgrund der schwächeren Gewichtung größerer Länder: Wien hätte im Vergleich zum jetzigen Nationalrat weniger und Vorarlberg mehr Abgeordnete. Wichtiger ist aber Folgendes:

Wir hätten gleich zwei „Regierungen", nämlich die „Österreichische Kommission" (ÖK) und den „Österreichischen Rat" (ÖR). Die ÖK hat neun Mitglieder, jedes Bundesland entsendet eines davon; das mag einmal eine fähige Politikerin sein, ein andermal jemand, den man im Bundesland grad nicht brauchen kann … (Haben wir auf europäischer Ebene alles schon erlebt). Die ÖK hat das alleinige Initiativrecht im Parlament. Aber sie muss sich jeweils mit dem ÖR arrangieren. Dieser besteht aus den neun Landeshauptleuten. Der ÖR trifft sich vierteljährlich zu Österreich-Gipfeln, und dazwischen auch immer wieder einmal inoffiziell. Nach jedem Treffen gibt es ein Communiqué („Schlussfolgerungen des Österreichischen Rats") mehr oder weniger kryptischen Inhalts.

Das ist noch lange nicht alles, wenn wir das EU-Modell auf Österreich übertragen. Steuern und Abgaben werden ausschließlich von den Ländern eingehoben, diese alimentieren den Bund mit lediglich einem (1) Prozent des

Bruttoinlandprodukts; die „restlichen" 42 Prozent der Abgabenquote verbleiben den Bundesländern. Es gibt zwar eine gemeinsame Währung, autokratisch verwaltet von der Österreichischen Nationalbank. Es gibt aber keinen nennenswerten Finanzausgleich zwischen den Ländern, sondern bloß einen Dauerstreit zwischen Nettozahlern, zum Beispiel Oberösterreich, und den Nettoempfängern, zum Beispiel Kärnten. Es gibt weder eine bundesweite Arbeitslosenversicherung, noch eine gemeinsame Pensionsversicherung, noch – aufgrund des minimalen Bundesbudgets – die Möglichkeit zu bundesweiter Konjunkturpolitik, noch …

Meint nun immer noch jemand, das sei ein attraktives Modell? (Alle Freiheit den Ländern, nieder mit dem Bund?!) In dem Fall gebe ich zu bedenken: Jedes Mitglied des ÖR, mag es auch noch so gesamtösterreichisch orientiert sein, kann nur in seinem Bundesland wiedergewählt werden; dort und nur dort. Das politische Überleben des Landeshauptmanns von Vorarlberg, und mag er auch wirklich ein überzeugter Österreicher sein, der aktiv und energisch im ÖR Politik gestaltet, entscheidet sich in Vorarlberg, und nirgends sonst. (Als Beispiel kann Jean-Claude Juncker dienen. Seit Jahrzehnten ist er einer der profiliertesten europäischen Politiker, aber in seinem Stammland Luxembourg half ihm das wenig: Dort wurde er als Ministerpräsident abgewählt. Seine spätere Wahl zum Kommissionspräsidenten ist eine glückliche Fügung, mehr nicht.)

Unter solchen Rahmenbedingungen ist der Anreiz, das Beste für Gesamtösterreich tun zu wollen, daher schwach, der Anreiz, regionale Interessen prioritär zu verfolgen, hingegen stark. Verknüpfen wir diese Situation noch mit dem Grundsatz, dass Entscheidungen im ÖR einstimmig zu erfolgen haben, so erhalten wir ein beachtlich präzises Rezept für politischen Stillstand, für Handlungsunfähigkeit.

Das gilt selbst dann, wenn Parteien nicht primär das regionale Interesse in den Vordergrund stellen. Umso schlimmer, wenn Regionalparteien – „Tirol zuerst!", „Burgenland zuerst!" – das Sagen hätten. Das ist *mutatis mutandis* Europa heute. Nicht neun Landeshauptleute geben den Ton an, sondern 28. Das macht nichts besser. So gesehen ist die schwache Handlungsfähigkeit der Union nicht erstaunlich. Erstaunlich ist eher, dass sie mit dieser politischen Struktur überhaupt fort existiert. Es gibt also doch (noch) hinreichend viele Europäerinnen und Europäer, die von der Notwendigkeit und Wandlungsfähigkeit der Union überzeugt sind; Europäerinnen und Europäer, die meinen, dass nationale Isolierung nicht weiterhilft, dass wir mit dieser supranationalen EU jedenfalls besser dran sind als bei einer Rückkehr zur Staaten-Verzwergung, und dass wir nationale Freiheit im Zeitalter der unumkehrbaren Globalisierung anders definieren müssen als vor 100 oder 200 Jahren. Aber machen wir uns nichts vor: Besonders stabil ist dieses supranationale Gebäude EU nicht, es kann auch auseinanderbrechen.[60] Dies weniger wegen jener Parteien, die sich nichts sehnlicher wünschen – von der FPÖ ab- oder aufwärts –, sondern eher aufgrund einer Europa-Müdigkeit, einer Unlust, sich mit komplexen Fragen auseinanderzusetzen, die nicht auf politisch Rechtsstehende beschränkt ist. (Heinrich Heines Metrik ist besser, aber manchmal muss ich ihn frei zitieren: Denk ich an Europa in der Nacht, bin ich um den Schlaf gebracht … Dann kann mir auch Sarajevo 1914 einfallen. Alle zogen begeistert in den Krieg, ohne sich im Mindesten vorstellen zu können oder zu wollen, auf welchen Trümmern sie erwachen würden.[61])

Es wäre zu schade, wenn wir eines Tages sagen müssten: Wir hatten zwar ein Vereintes Europa, aber zu wenig Europäerinnen und Europäer, die daran glaubten … Doch auszuschließen ist nichts. Ende 1933, nach der Beseitigung der Weimarer Verfassung durch Hitler, schrieb ein Journalist: Wir hatten eine Demokratie in Deutschland, aber leider zu wenig Demokraten … Die EU ist seit ihrer Gründung *work in progress*, man könnte auch sagen: eine Dauerbaustelle. Die Weiterentwicklung zu einer föderalen Union, die den Nationalstaaten Kompetenzen nimmt und der Zentrale ebenso wie den Regionen welche gibt, erscheint mir ein entscheidender nächster Schritt zu sein. Vor dieser nächsten Bauetappe sollte man sich nicht fürchten, ebenso wenig wie vor dem Aussprechen unpopulärer Wahrheiten, etwa im Dauerkonfliktfall Griechenland.

25 Griechenlands Freiheitskampf

Griechenland, spätestens seit 2010: Tragödie oder Farce? Man schwankt; unwillkürlich kommen einem die berühmten Einleitungssätze zum XVIII. Brumaire von Karl Marx in den Sinn.[62] Auf Seite Griechenlands sehen wir je nach Blickwinkel sowohl Tragödie wie Farce, auf Seite der anderen 18 Mitglieder der Eurozone mehr Farce als Tragödie. Aber das letzte Wort ist noch nicht gesprochen.

Der griechische Staat wurde Anfang 2010 zahlungsunfähig. Das ist aus historischer Perspektive nichts Ungewöhnliches. Seit hunderten von Jahren werden Staaten mitunter zahlungsunfähig. Griechenland musste im 19. Jahrhundert vier Mal „Default" erklären, Österreich zwischen 1796 und 1868 sogar sechs Mal.[63]

Griechenland war 2010 insolvent, nicht illiquid. Aber das wollte kein maßgeblicher EU-Politiker zugeben. Alle Hilfen seither – seien es die bilateralen Direktkredite oder jene der Europäischen Zentralbank (EZB) oder der *European*

Financial Stability Facility (EFSF) oder die ab Juli 2015 verhandelten Darlehen des *European Stability Mechanism* (ESM) – beruhen auf der Fiktion, Griechenland sei illiquid, aber nicht insolvent. Nur der Internationale Währungsfonds (IMF) wies seit 2014/15 wiederholt darauf hin, dass Griechenland seine Staatsschuld aus eigener Kraft nicht werde bedienen können.[64]

Wird ein Unternehmen zahlungsunfähig, dann schlittert es in Ausgleich oder Konkurs. In beiden Fällen wird dann nur ein Bruchteil der Forderungen der Gläubiger befriedigt; mit anderen Worten, die Gläubiger tragen den Großteil der ökonomischen Kosten. Den Schuldnern (d.h. den Managern und/oder Eigentümern), sollten sie fahrlässig oder betrügerisch gehandelt haben, drohen Freiheitsstrafen. Bei Staaten ist es insofern komplizierter, als ein formales Konkursrecht für Staaten nicht existiert; alles ist Verhandlungssache.[65]

Dass ein Schuldenschnitt für Griechenland ein derartiges Tabu ist, hat vor allem zwei Gründe. Der eine ist innenpolitischer Natur: Keine Politikerin eines Gläubigerstaats möchte vor ihre Wähler treten und erklären, dass ein Teil des geliehenen Geldes uneinbringlich ist. Der Großteil der griechischen Staatsschuld besteht 2015 nämlich in Verpflichtungen gegenüber anderen Staaten oder öffentlichen Institutionen, wie der EZB oder der EFSF. Nur ein sehr kleiner Teil wird Privaten oder Banken geschuldet.[66]

Der andere Grund ist juristischer Natur. Schon der Maastricht-Vertrag, der den Grundstein für die Euro-Währungsunion legte, enthielt eine sogenannte No-Bail-Out-Klausel, d.h., dass weder die Union als Ganzes noch die einzelnen Mitgliedsstaaten für Schulden anderer Mitglieder haften. Diese Bestimmung wurde in alle Folgeverträge übernommen. Darauf dürfte der deutsche Finanzminister Wolfgang Schäuble sich implizit berufen, wenn er sagt: „Jedermann weiß, dass ein Schuldenschnitt mit der Mitgliedschaft in der Währungsunion nicht vereinbar ist."[67]

Jedermann weiß das? Schäuble tut so, als ob seine Rechtsansicht unbestreitbar wäre; ist sie aber nicht. Richtig ist ohne Zweifel, dass Frankreich nicht automatisch für die Rückzahlung einer italienischen Staatsanleihe haftet, und umgekehrt. Eine solche Haftung widerspräche den EU-Verträgen. Aber im Falle Griechenlands reden wir vom Verzicht auf eine ohnehin aussichtslose Schuldeneintreibung. Das soll ein Bail-Out im Sinne der EU-Verträge sein? Das ist doch äußerst fragwürdig.[68] Ich halte einen Schuldenschnitt für Griechenland für durchaus vereinbar mit dem Verbleib in der Eurozone. Schäuble nicht, er deutet folgendes an: Zuerst der „Grexit", also der Ausstieg aus dem Euro und die Wiedereinführung einer nationalen Währung, dann könne man eventuell über den „Haircut" reden. Aber für einen Grexit bieten die EU-Verträge erst recht keine Handhabe! Denn die Währungsunion ist „für immer" konzipiert. Einen Austritt, geschweige denn einen Ausschluss aus der Währungsunion, sehen die EU-Verträge nicht vor. (Freilich, wo ein Wille, dort auch ein Weg: Griechenland müsste wohl um 23:59 Uhr des Tages t aus der EU austreten – das ist grundsätzlich möglich, damit wäre auch die Eurozonen-Mitgliedschaft hinfällig – und um 0:01 Uhr des Tages t+1 in die EU wiedereintreten, nun ohne Euro-Mitgliedschaft. Aber Griechenland will die Eurozone ja gar nicht verlassen.) – Im Zweifel wird solche Fragen der Europäische Gerichtshof zu entscheiden haben, der schon mehrmals deutschen Rechtspositionen nicht gefolgt ist.[69]

Kurz einige Zahlen zum griechischen Desaster. Am Ausgangspunkt der europäischen Finanzkrise, nämlich 2008 nach dem Zusammenbruch der US-Bank Lehman Brothers, lagen die griechischen Staatsschulden bei 263 Milliarden Euro bzw. 113 Prozent des BIP. 2014, nach fünf Jahren krasser Austerity-Auflagen und einem Schuldenschnitt 2012 für private Gläubiger, betrugen sie 318 Milliarden bzw. 175 Prozent des BIP. Der Schuldenstand stieg 2008–2014 somit um 21 Prozent, die Schuldenquote um 55 Prozent; das liegt daran, dass gleichzeitig das BIP um rund 25 Prozent fiel.[70] Die Arbeitslosenrate wird inzwischen mit 25–30 Prozent beziffert, jene für Jugendliche mit über 50 Prozent. Zum Vergleich: In Österreich liegt die Arbeitslosenrate deutlich unter 10 Prozent; die Staatsschuldenquote pendelt um 80 Prozent; das Pro-Kopf-Einkommen ist in Österreich mehr als doppelt so hoch wie in Griechenland. Es wäre schlicht weltfremd, die Auflagen, die die Gläubigerstaaten Griechenland aufgebrummt haben, als erfolgreich zu betrachten.

Anfang 2015 kam nach Neuwahlen die Regierung von Alexis Tsipras an die Macht, eine Koalition aus einer linken und einer rechtsradikalen Partei. Man hätte erwarten können, dass sie rasch und energisch versucht, einige Grundübel der griechischen Wirtschaft anzupacken: etwa die laxe Finanzverwaltung, die der Steuerhinterziehung Scheunentore offen lässt; oder den Grundstückskataster, dessen Fehlen Investitionen ernsthaft behindert; oder den Kapitalabfluss, der die griechischen Banken am Tropf der EZB hängen lässt. Bis zum Frühjahr 2015 hätte die Regierung Tsipras sogar einen „Default" – oder nennen wir es Ausgleich – auf eigene Faust durchziehen und die Gläubiger vor vollendete Tatsachen stellen können. Mit Risiken, versteht sich; aber die hat Tsipras sonst auch nicht gescheut. Denn seit 2014 wies der griechische Staatshaushalt einen sogenannten Primärüberschuss auf, d.h. vor Zinszahlungen war das Budget nicht im Defizit. Mit anderen Worten, die laufenden Ausgaben (ohne Zinsen) konnten mit den laufenden Einnahmen bestritten werden. Wenn Tsipras nun erklärt hätte, man solle das Land als im Ausgleichsverfahren befindlich betrachten und Griechenland werde bis auf Weiteres keine Tilgungen leisten und keine Zinsen mehr zahlen, dann wäre das Land zwar kurzfristig vom internationalen Kapitalmarkt abgeschnitten gewesen – ohnehin nur eine Fortsetzung der Situation, die schon Jahre anhält –, aber es wäre aufgrund des Primärüberschusses auch nicht auf ihn angewiesen gewesen. Große budgetrelevante Sprünge hätte die Tsipras-Regierung natürlich nicht machen können, aber das kann sie mit den Troika-Auflagen schon gar nicht. Ein Kapitalfluchtproblem wäre nicht ausgeschlossen gewesen, aber das hätte man wie in Zypern lösen können: mit Kapitalverkehrskontrollen.

Nichts von alledem ist geschehen. Stattdessen ließ die Tsipras-Regierung durch Untätigkeit hinsichtlich des „Bank-Walks" zu – nicht ganz ein Bank Run, aber Woche für Woche flossen Milliarden von griechischen Bankkonten ab –, dass die Banken Anfang Juli geschlossen werden mussten und die Wirtschaftsaktivität dadurch zum Stillstand kam. Wenn die Wirtschaft steht, versiegen auch die Steuereinnahmen, und der Primärüberschuss ist dahin. Es blieb nichts übrig als der neue Gang nach Canossa, soll heißen nach Brüssel zur EU (bzw. zum ESM) und nach Frankfurt zur EZB. Beim Poker mit den Gläubigerstaaten hatten diese nun die besseren Karten. Tragödie *und* Farce, das ist griechische Realität.

Festzuhalten bleibt noch im Anschluss an das vorangegangene Kapitel, dass die Anreize für „europäische" Politikerinnen und Politiker, die gleichzeitig nationale Rollen zu erfüllen haben, sich auch im griechischen Kontext als kontraproduktiv erwiesen. Angela Merkel und Wolfgang Schäuble können gar nicht anders, als zuerst an ihre deutschen Wähler zu denken und dann erst an das europäische Ganze; da braucht es nicht die *Bild*-Zeitung und ihr Geschwafel vom faulen Griechen. Eine Verhandlung zwischen Tsipras und einer echten EU-Regierung wäre vielleicht anders verlaufen, jedenfalls hätte sie nicht dieses Handicap zu tragen gehabt.

Die griechischen Regierungen haben die Freiheiten, die jede Regierung hat – ob nun unter Gläubigerkuratel oder nicht –, nicht sinnvoll genutzt. Dasselbe gilt für die Regierungen der Gläubigerstaaten, deren Rezepte nicht aufgegangen sind. Möglicherweise sind sie falschen Verallgemeinerungen sogenannter nicht-keynesianischer Effekte von Austeritätsmaßnahmen aufgesessen.[71] Den Griechinnen und Griechen bleiben auf Dauer hoffentlich mehr Möglichkeiten, als die Freiheit auszuwandern und woanders in der EU ihr Glück zu suchen.

26 Gekaufte und ererbte Freiheit

Griechenland veranschaulicht auch in anderer Hinsicht große europäische Probleme. Im Laufe der Krise ist einer breiten Öffentlichkeit bewusst geworden, dass die Partizipationschancen der Bürger in den angeblich entwickelten Demokratien des Westens extrem ungleich verteilt sind.

Es ist inzwischen weithin bekannt, dass viele der reichsten Familien Griechenlands ihre Vermögen ins Ausland in Sicherheit gebracht haben und in den Metropolen Europas zu den größten Immobilieninvestoren gehören. Selbst wenn die Syriza-Regierung eines Tages ihre Ansage in die Tat umsetzen kann, vehementer gegen Steuerflucht und -betrug vorzugehen – ihre längst in Sicherheit gebrachten Gewinne aus der Vergangenheit machen es den Oligarchen leichter, ihr eigenes Recht zu leben. Sie haben *wegen* ihres Geldes höhere Chancen auf Freiheit(en).

Demokratie ist mit Freiheit verbunden, und Freiheit umgekehrt mit Demokratie. Was aber, wenn Freiheit ein handelbares Gut wird, das den Vermögenden Chancen eröffnet, die anderen Teilen der Bevölkerung mangels Mittel nicht zur Verfügung stehen?

Je reicher Sie sind, umso eher können Sie es sich richten – diese alte Lebensweisheit stimmt wohl nach wie vor. Dass die Münchner Staatsanwaltschaft das Verfahren gegen Formel-1-Boss Bernie Ecclestone – wegen Bestechung – gegen eine Zahlung von 100 Millionen Euro eingestellt hat, löst bei vielen Unbehagen aus. Das liegt nicht nur am Geld. Wenn Sie reich sind, kennen Sie in der Regel auch wichtige Leute, die Ihnen von Nutzen sind. Ob durch Kontakte zu Ärzten, Lehrern oder Richtern – der Austausch von relevanten Informationen mit hochrangigen Entscheidern ist eine Kulturtechnik, die Sie in den höheren Schichten der Gesellschaft mit höherer Wahrscheinlichkeit erlernen als anderswo. Das muss noch nicht einmal Korruption sein.

Was im Zuge fortschreitender Globalisierung hinzugekommen ist: Dass neu zu Reichtum gekommene Menschen aus Ländern außerhalb der EU, etwa Russland oder China, sich völlig legal „einkaufen". Am auffälligsten ist das im Fußballbereich: Im Jänner 2015 hat der in den einschlägigen Rankings aktuell reichste Chinese, Wang Jianlin, für 45 Millionen Euro ein Fünftel des spanischen Fußballclubs Atlético Madrid erworben. Am bekanntesten ist wohl der Russe Roman Abramovich geworden, der schon 2003 den britischen FC Chelsea gekauft hat.

Die auf die Beratung von Vermögenden weltweit spezialisierte Schweizer Agentur Henley & Partners führt auf ihrer Homepage nur sechs Länder an, in denen man durch signifikante Investitionen auch die Staatsbürgerschaft erlangen kann: Antigua, die Dominikanische Republik, Malta, der Inselstaat St. Kitts und Nevis, Zypern – und Österreich. In Österreich ist es also möglich, die Staatsbürgerschaft zu bekommen, wenn man eine substanzielle Summe investiert, die zur Schaffung neuer Arbeitsplätze oder neuer Technologien führt. Prinzipiell steht das jedem offen. Doch nur wenn man reich ist, kann man Rechte, die theoretisch jeder hat, auch praktisch nutzen. Ökonomisch-juristisch ist daran nichts auszusetzen, aber moralisch bleibt ein schaler Beigeschmack. Mir wäre lieber, jemand würde Asylsuchende unterstützen statt Unsummen in den FC Chelsea zu investieren.

Zu einem funktionierenden Rechtsstaat und zur demokratischen Hygiene sollte aber auch gehören, Fehlurteile zu korrigieren, die jemandem über Gebühr die Freiheit rauben. Im Fall des ehemaligen Innenministers Ernst Strasser ist das meines Erachtens ganz klar der Fall. Strasser hat als ÖVP-EU-Parlamentarier gegenüber britischen Lockvögel-Journalisten, die sich als Lobbyisten ausgaben, angeboten, auf die Gestaltung eines bestimmten Gesetzes Einfluss zu nehmen – gegen Cash. Er wurde vom Obersten Gerichtshof in Österreich dafür zu drei Jahren Gefängnis verurteilt.

Diese sogenannte Generalprävention zu Lasten eines einzelnen Individuums widerspricht meinem Rechtsempfinden total. Ich kann doch nicht dafür extra bestraft werden, dass andere sich vielleicht – vielleicht! – ähnlich verhalten könnten, wenn ich diese Strafe nicht bekomme. Hypothetischer geht's nimmer. Strassers „Tat" war reine Blödheit und gehört auch bestraft, aber eine bedingte Strafe hätte völlig ausgereicht. Er steht ohnehin öffentlich am Pranger.

Ich halte im Übrigen auch das Plakat der Grünen im EU-Wahlkampf 2014, das einen bleichen, geduckten Strasser zeigte, für einen krassen Missgriff. Dass man ein konkretes Individuum, das schon am Boden liegt, noch einmal so zur Schau stellt, ist unwürdig.

Aber kehren wir noch einmal zurück zu den auch in den „alten" Demokratien ungleich verteilten Zugangschancen zu grundlegenden Freiheiten. Selbst wenn es einen freien Zugang zum Bildungs- und Gesundheitssystem gibt, bleibt eine Kluft zwischen Insidern, die sich des Systems bedienen, und Outsidern. Und diese Kluft scheint größer zu werden. Nicht finanzieller Reichtum allein ist ausschlaggebend, sondern auch die Weitergabe spezifischen Wissens an die nächsten Generationen der Eliten. Nicht nur Vermögen werden vererbt, sondern auch die damit verbundenen Freiheiten.

Ich habe dieses Problem unterschätzt. Vor 30 Jahren war ich der Meinung, ein Gutes am Kapitalismus sei die Umwälzung der großen Vermögen im Laufe von zwei oder drei Generationen. Dafür gibt es wohl einige Ausnahmen, etwa die Quandt-Familie, deren Vermögen beide Weltkriege überlebt hat und heute rund 35 Milliarden Euro umfassen soll; die Quandts halten namhafte Unternehmensbeteiligungen etwa an BMW oder Altana.

Die Geschichte der Krupps hingegen war für mich immer der Beleg dafür, dass ich in meiner Einschätzung richtig liege. Ein oder zwei Generationen häufen ein Vermögen an und die nächsten zwei Generationen verprassen es wieder. Im Gegensatz zum alten Feudaladel, der seine Besitztümer oft über hunderte Jahre halten konnte, hat eine solche Umwälzung ja auch in einem demokratiepolitischen Sinn etwas Gutes.

Nun stellt sich heraus, dass womöglich doch das Quandt-Modell die Regel ist. Große Familienvermögen werden heute von professionellen Finanzmanagern und Steuerexperten verwaltet, die globale Veranlagungstrends früher erkennen als andere und durch Steuerschlupflöcher entkommen, noch ehe diese geschlossen werden können.

Gegen eine klassische Vermögensteuer habe ich zwar meine Bedenken, vor allem aus steuertechnischen Gründen. Doch eine Erbschaftsteuer ist ein – nicht nur symbolisch besonders wichtiges – Mittel, um dagegenzusteuern. Eine Wiedereinführung hielte ich in Österreich deshalb für sinnvoll. Sie ist für mich schlicht Teil einer umfassenden Einkommensbesteuerung (*comprehensive income tax*). Man muss sich bewusst sein, dass die sieben Einkunftsarten im österreichischen Steuerrecht, die zusammen als „Einkommen" gelten, auf der pragmatischen Weisheit (und Willkür!) des historischen Steuergesetzgebers beruhen, nicht auf einem theoretisch abgesicherten Konzept. Wird Einkommen hingegen als Nettovermögenszuwachs während einer Periode definiert, woraus auch immer dieser besteht, dann ist ein Erbe Teil des Periodeneinkommens. Eine Erbschaftssteuer ist in dem Fall einfach eine Steuer auf diesen von der Lohn- und Einkommenssteuer nicht erfassten Teil des Einkommens, nicht anders als die Kapitalertragssteuer, die einer ähnlichen Logik folgt.[72]

Die Erbschaftssteuer hat konjunkturpolitisch den Vorteil, dass sie das laufende Einkommen nicht tangiert und daher die Entscheidung, ob gespart oder konsumiert werden soll, nicht beeinflusst. Das immer wiederkehrende Argument, mit der Erbschaftssteuer werde bereits versteuertes Einkommen noch einmal besteuert, ist abenteuerlich. Nach dieser Logik müsste man auch die Mehrwertsteuer abschaffen: Aus einem versteuerten Einkommen werden Konsumausgaben getätigt, die ihrerseits einer Steuer unterliegen. Das ererbte Einkommen wurde eben noch nicht besteuert, jedenfalls nicht beim Empfänger.

Völlig rätselhaft ist mir, wie brutal die Einkommensschere Jahr für Jahr auseinanderklafft – insbesondere im Finanzsektor. Dass die drei bestverdienenden Manager von Hedgefonds 2014 über eine Milliarde Dollar verdient haben, finde ich nur noch obszön. Mit einem Entgelt für eine nachvollziehbare Leistung hat das nichts mehr zu tun. Offenbar gibt es in diesen Unternehmen keine funktionierenden Kontrollgremien mehr, die dafür sorgen, dass erwirtschaftete Gewinne nicht in den Taschen von Managern versickern.

Aber erst gilt es einmal herauszuarbeiten und Aufklärung darüber zu leisten, wie weit die Ungleichverteilung tatsächlich schon gediehen ist. In Österreich haben mich die 2010 durch die Nationalbank erstmals erhobenen Vermögensdaten[73] gelehrt, dass die Ungleichverteilung hierzulande im Europavergleich sogar besonders ausgeprägt ist – bei den Vermögen wohlgemerkt, nicht aber bei den Einkommen. Natürlich versuchen die Superreichen, die Politik zu instrumentalisieren. In Zeiten, wo auch in Europa und Österreich die verteilungspolitische Diskussion lauter wird, müssen wir deshalb extrem aufmerksam sein. Wenn es in Richtung amerikanischer Zustände geht, muss rasch reagiert werden: Wenn man sich über Wahlkampfspenden das Wohlwollen der Politiker erkaufen kann wie in den USA – und es gibt dort genug Milliardäre, die das tatsächlich auch tun –, dann sind Freiheit und Demokratie wirklich gefährdet.[74]

27 Wird die Welt unfreier?

In ihrem jährlichen *Freedom in the World*-Bericht versucht die US-amerikanische Nichtregierungsorganisation Freedom House, die politischen Tendenzen in 195 beobachteten Staaten zu Trends zusammenzufassen. Grundlage und Ausgangspunkt sind die universellen Menschenrechte.

Aus dem Topf der großen, in ihren Regionen ökonomisch und politisch einflussreichen Ländern listet der Bericht 2014 gravierende Freiheits-Rückschritte für Russland, Venezuela, Ägypten, die Türkei, Thailand, Nigeria, Kenia und Aserbeidschan auf. Als positives Gegengewicht wird lediglich Tunesien festgemacht, das nach der Veröffentlichung des Reports allerdings von schweren Terroranschlägen verunsichert worden ist. Seit neun Jahren, so die Analysten von Freedom House, ist die Zahl der Länder mit Freiheitsverlusten größer als jene mit Freiheitsgewinnen. Dass Menschen die Chance haben, frei zu wählen, ist kein sich ausbreitendes Gut: Seit der Jahrtausendwende hat sich der globale Demokratie-Zählerstand praktisch nicht mehr verändert. Der naheliegende Schluss der Autoren: Die Freiheit befindet sich weltweit in der Defensive.

In einer kurzfristigen Perspektive kann ich diesen Befund nachvollziehen. Von Österreich aus genügt schon ein Blick auf die Entwicklung Ungarns unter Premierminister Viktor Orbán, auf die Manipulation des Wahlrechts, der Medien, der Wirtschaft, des Bildungswesens. Und selbst die USA, deren Geschichte und Verfassung mit dem Wort „Freiheit" verwoben ist wie kein anderes, bieten kaum Anlass für Optimismus. Die Republikaner sind offenkundig dabei durchzudrehen. Dass in einzelnen US-Bundesstaaten den Schulen verboten werden soll, die Evolutionstheorie von Charles Darwin in den Biologiestunden zu lehren, finde ich grotesk. Vielleicht wird man um das Jahr 2030 herum tatsächlich einmal sagen: Wir hätten die negativen Anzeichen erkennen müssen, damals, am Beginn des 21. Jahrhunderts. Das ist die eine Lesart.

Vielleicht wird unsere Zeit aber auch nur als eine zwischenzeitliche Stagnationsphase bewertet werden. Denn vergleichen wir einmal die Welt von heute mit jener in den fünfziger Jahren. Da müsste man doch zum Schluss kommen, dass die Welt seitdem freier geworden ist, und dass die individuellen Freiheiten für einen immer größeren Anteil der Menschheit gewachsen sind. Das Russland von heute ist sicher keine lupenreine Demokratie und weniger liberal als jenes vor zehn Jahren, aber es ist deutlich liberaler als das Russland

Stalins. Das China von heute ist deutlich liberaler als zu Maos Zeiten. Das ist die andere Lesart.

Von einer „Rezession der Demokratie" zu sprechen wie der US-Politologe Francis Fukuyama[75] halte ich vorläufig daher für unangebracht. Das große Problem solcher Freiheits-Checks und generalisierenden Aussagen sind die Indikatoren und die Messung. Nehmen Sie nur die Pressefreiheit: Auch da ist laut dem entsprechenden Index von *Reporter ohne Grenzen* global gesehen eine „objektive" Verschlechterung zu konstatieren. Diese ist am Anstieg der Gewalt gegen Journalisten ablesbar, bedingt unter anderem durch die Zunahme kriegerischer Konflikte und Ereignisse wie das *Charlie Hebdo*-Attentat in Paris im Jänner 2015. Die sind wirklich schlimm, aber sind sie ein hinreichender Gradmesser für die Freiheit der Medien?

Mir machen nämlich auch Entwicklungen Sorgen, für die es überhaupt noch keine Indikatoren gibt. Ein merkwürdiges Phänomen ist die Uniformierung von Meinungen, obwohl es eine lange Tradition der Pressefreiheit gibt. Das Muster: Wenn vier wichtige Journalisten einer Meinung sind, meinen in der Regel auch die anderen, dass es so ungefähr schon stimmen wird. Gegenargumente werden entweder nicht gehört, nicht mehr vorgebracht oder dämonisiert. Am Ende gibt es so etwas wie eine Einheitsmeinung, gegen die anzukämpfen es zusehends schwerer wird. Diese freiwillige Gleichschaltung der Medien betrifft Sachfragen ebenso wie schwierige, komplexe Konstellationen der Weltpolitik.

Übel aufgestoßen ist mir zum Beispiel, dass nur eine Woche nach der Annexion der Krim durch Russland im März 2014 praktisch jeder, der diesen Schritt mit Hinweis auf die historische und strategische Ausgangslage der Region nicht reflexartig verdammt hat, ins Eck der „Putin-Versteher" gestellt wurde. Dabei war die Krim nie ukrainisch, außer in den vergangenen 60 Jahren, seit Chruschtschow die Krim der Ukraine angegliedert hat. In Deutschland war die Vorverurteilung derer, die eine dem Mainstream gegenläufige Position einzunehmen versucht haben, genauso stark wie in Österreich.[76] Übrig blieb für mich ein großes Unbehagen: In beiden Ländern gibt es keine Zensur, dennoch war das Resultat – ein fast homogenes Meinungsbild – ähnlich.

Die Maßstäbe und Parameter, die wir an Länder in Entwicklung anlegen, müssen folglich andere sein als jene in den entwickelten Demokratien, in denen freie Wahlen abgehalten werden und ein – im historischen Maßstab – Höchstmaß an Grundrechten verankert wurde: Auch dort ist nicht alles Gold, was glänzt.

Ich bezweifle darüber hinaus stark, ob die westlichen Demokratien das Urmeter der Demokratie- und Freiheitsentwicklung sein sollten. Auf welcher Grundlage wollen die USA ihre Staatsform in alle Welt exportieren?

Es ist unbestritten, dass wir Europäer den Amerikanern für ihre Einmischung in den Zweiten Weltkrieg und die wirtschaftliche Wiederaufbauhilfe in den Jahrzehnten danach sehr dankbar sind – oder sein sollten. Doch seitdem ist fast alles schief gegangen: Vietnam, Kambodscha, Irak, Syrien und zuletzt Libyen liegen da auf einer Linie. Die Destabilisierung jener Region, in der heute der sogenannte Islamische Staat (IS) wütet, hat damit begonnen, dass der damalige Präsident George W. Bush seine Truppen im Irak 2003 einmarschieren hat lassen – unter dem Vorwand, Freiheit und Demokratie zu exportieren. Dick Cheney und Ronald Rumsfeld, unter Präsident Bush Vizepräsident bzw. Verteidigungsminister, haben im Zuge des Irak-Kriegs gelogen, dass sich die Balken bogen. Wurden sie je zur Rechenschaft gezogen? Die Naivität, mit der manche Amerikaner glauben, durch militärische Überlegenheit Weltprobleme lösen zu können, nervt.

Die grundoptimistische Wesensart amerikanischer Politiker, nach einem missglückten Manöver den Blick sofort wieder nach vorne zu richten, hat einen gravierenden Nachteil: So lernt man selten aus Fehlern.

2015 ist die Situation im Nahen Osten verfahren wie selten zuvor. Der IS hat ein Terrorregime erster Ordnung errichtet. Würden die USA neuerlich mit Bodentruppen intervenieren, so entstünde das Narrativ, der IS hätte gewonnen, wenn die Amerikaner nicht einmarschiert wären. So entsteht keine langfristige Stabilität. Wünschenswert wären Anti-IS-Allianzen vor Ort, unter Einbeziehung der Kurden und der Türkei. Ein frommer Wunsch, ich weiß.

Den Zustand der US-Demokratie heute sehe ich deutlich kritischer als jenen der europäischen Demokratien. Damit meine ich nicht nur den *gridlock*, die Blockade zwischen den Demokraten und Republikanern. Man muss sich nur einmal die Folgen für die Welt vorstellen, wenn einer der Extremisten von der Tea Party als Präsident ins *Oval Office* einzöge! Wenn in Österreich Strache an die Macht käme, wäre das schlimm genug – aber die Welt insgesamt würde daran nicht zugrunde gehen. Natürlich gibt es in ganz Europa ein Erstarken der populistischen Bewegungen, die einhergeht mit dem langsamen Zerbröseln der Volksparteien. Aber dennoch halte ich Europa aufgrund seiner Geschichte für weitaus stabiler und weniger anfällig für extreme politische Experimente als die USA.[77]

Das soll nicht heißen, dass sich Europa oder gar Österreich nun als *Master of the Universe* in Sachen Demokratie gerieren sollten. Ich werde immer ganz unwirsch, wenn von den „europäischen Werten" die Rede ist, deren Gewicht jetzt in die globale Waagschale geworfen werden soll. Seit wann haben wir denn diese Werte in Österreich? Frühestens seit den 1970er Jahren. Denn in den Jahrzehnten davor war das

Land fix zwischen Rot und Schwarz aufgeteilt. Wie würde so etwas wohl in einem Freiheitsindex wie jenem von Freedom House bewertet werden?

Mein Schluss aus all diesen Beobachtungen ist: Vorgestanzte Demokratiemodelle kann man nicht eins zu eins in andere Weltregionen übertragen. Ebenso wie es verhältnismäßig liberale Autokratien gibt, gibt es illiberale Demokratien. Dennoch gibt es eine Wechselbeziehung: Liberalismus führt zur Demokratie in dem Sinn, dass bestimmte Freiheitsrechte notwendig sind, um die korrekte Ausübung der demokratischen Staatsmacht überhaupt zu gewährleisten. Und auf der anderen Seite bedarf es einer demokratischen Macht, um die Existenz und das Fortbestehen der Grundfreiheiten zu garantieren. Historisch ist evident, dass der demokratische Staat und der liberale Staat, wenn sie fallen, miteinander fallen.

Wenn die Menschen nicht verstehen, dass man in einer stabilen Demokratie eben *nicht* alles darf, sondern erst einmal die nicht einschränkbaren Freiheits-Rechte der Minderheiten definieren muss, dann mündet das in eine Diktatur der Mehrheit. Der Irak und Ägypten bieten genügend Anschauungsmaterial. Exportieren wollen sollte man deshalb nicht eine Staatsform als solche, sondern die geduldige Überzeugungsarbeit, einen funktionierenden Rechtsstaat zu entwickeln, die Korruption einzudämmen und eine effiziente Verwaltung aufzubauen. Die Demokratie ist der Schlussstein, nicht der Beginn.

28 Verspottungsfreiheit …

Ob die Rechte von Minderheiten in einem Staatswesen ausreichend geachtet werden, kann gut daran abgelesen werden, wie das Zusammenleben verschiedener Religionsgemeinschaften untereinander geregelt wird. Dieses Verhältnis befindet sich aktuell vor allem in jenen säkularisierten Gesellschaften im Umbruch, in denen lange Zeit eine dominante Glaubensrichtung einigen wenigen Minderheitsreligionen gegenüberstand. Denn mit dem numerischen Erstarken der Minderheiten, sei es durch Zuwanderung, sei es durch höhere Geburtenraten, bekommen deren Religionen auch mehr Gewicht; zugleich verliert die Mehrheitsreligion im Prozess der Säkularisierung an Mitgliedern und Bedeutung. Durch grenzüberschreitenden Informationsaustausch sind die Organisationsmöglichkeiten der „Kleinen" zudem erheblich größer geworden. Unter dem Gesichtspunkt der Liberalität stellen uns solche multireligiösen Gesellschaften vor neue, schwierige Herausforderungen.

Betrachten wir zum Beispiel den Niqab, den Gesichtsschleier, der meist in Verbindung mit dem umhangähnlichen Tschador getragen wird. In Norwegen berufen sich muslimische Frauen auf der Internetplattform *islamnet.no* auf die prinzipiellen Freiheitsrechte der norwegischen Gesellschaft, um den Niqab zu tragen.[78] Insbesondere junge Frauen fühlen sich anscheinend von diesem Kleidungsstück angesprochen, obwohl sie oder ihre Familien nicht einmal aus Ländern kommen, in denen es getragen wird.

In diesem Zusammenhang fällt mir Alice Schwarzers Kreuzzug gegen das Kopftuch ein. Wie Eva Glawischnig („Ich bekämpfe kein Kleidungsstück") bin ich gegen ein

Kopftuchverbot, schon allein deshalb, weil ich am Land aufgewachsen bin, wo viele Bauernfrauen bis weit in die achtziger Jahre hinein Kopftuch getragen haben; auch ästhetisch habe ich nichts dagegen einzuwenden. War dieses Kopftuch der Bäuerinnen ein Unterdrückungssymbol? Damals trugen noch alle Männer einen Hut; ein Herrschaftssymbol? Heute ist das Hutmachergewerbe nahezu ausgestorben; ein Beleg für die Gleichberechtigung der Geschlechter?

Diese Symboldiskussion scheint mir maßlos überzogen. Und zweitens: Selbst wenn das Kopftuch heute als Bekenntnis zum Islam, oder irgendeiner Version des Islam, gewertet wird: Na und? Wie viele Frauen tragen ein Kreuz oder einen Davidstern an der Halskette?

Bei der Vollverschleierung durch Niqab oder Burka würde ich dennoch eine Grenze ziehen. Als Professor frage ich mich da sofort: Wie soll ich die Identität einer solchen Frau feststellen, wenn sie bei mir in der Universität eine Prüfung ablegen will? Was ist, wenn diese Person dann womöglich auch noch eine Frau als Prüferin verlangt, was in vielen Fällen nicht einmal theoretisch möglich ist? Was ist beim Arzt oder vor Gericht?

Aber selbst das sind pragmatische, nicht grundsätzliche Argumente gegen das Tragen von Niqabs. Im österreichischen Versammlungsgesetz ist zwar ein Vermummungsverbot möglich, wenn ein konkreter Grund vorliegt. Aber ist ein generelles Vermummungsverbot vereinbar mit einem liberalen Staat? Wo ziehen wir wirklich die Grenze, und mit welcher Begründung? Warum sollen sich diese Frauen nicht so kleiden dürfen, wie es ihnen angemessen erscheint? Und selbst wenn es richtig sein sollte, dass diese Verschleierung eine Unterwerfung unter den Mann symbolisiert: Hat die Mehrheit das Recht, der Minderheit eine freiwillige Unterwerfung zu verbieten? – Um es klar zu sagen: Die Gleichberechtigung von Frau und Mann ist für mich selbstverständlich, und der Anblick einer total verschleierten Frau ist für mich wie für die meisten Europäer unangenehm, ja bedrückend. Aber folgt daraus ein staatliches Verbotsrecht? Ist das Unbehagen der Mehrheit es wert, dass Niqab-Hardlinerinnen dann nicht mehr ihre Wohnung verlassen und auf die Straße gehen (können)?

Die Praxis stellt uns andauernd vor solche Fragen, auf die wir Antworten finden müssen, weil es um unser tägliches Zusammenleben geht: Haben muslimische Mädchen ein Grundrecht schwimmen zu lernen, und wie kann man das organisieren? Oder gibt es gar eine Art Pendant zu Grundrechten, nämlich Grund*pflichten*? Soll jemand, der sich freiwillig von der Gesellschaft und vom Arbeitsmarkt abschottet, sichtbar gemacht durch Verschleierung, auch Anspruch auf staatliche Mindestsicherung haben, wie der österreichische Grünen-Politiker Efgani Dönmez provokant gefragt hat?

Der leicht überstrapazierte Spruch, dass die Freiheit des einen endet, wo jene des anderen beginnt, bekommt vor allem im Gefolge der Terroranschläge von Paris auf die Redaktion des Karikaturmagazins *Charlie Hebdo* und einen jüdischen Supermarkt neue Bedeutung. Im Zusammenhang mit Minderheiten und ihren Religionen sind Grundfreiheiten, die historisch mühevoll erkämpft worden sind, in einem neuen Licht zu beurteilen.

Die Pressefreiheit etwa, und damit auch die Freiheit der Karikatur und der Meinungsäußerung, hat in modernen, multiethnischen und -religiösen Gesellschaften eine andere Funktion als zu Beginn des 19. Jahrhunderts. Man sollte nicht außer Acht lassen, dass die Pressefreiheit seit der Französischen Revolution stets gegen die Obrigkeit und gegen die (staatliche) Macht gerichtet war. Das ist heute längst nicht mehr durchgängig der Fall. Als 2007 die Mohammed-Karikaturen in der dänischen Zeitung *Jyllands Posten* publiziert wurden, habe ich mir schon gedacht: Es macht definitiv einen Unterschied, ob man den dänischen Premierminister karikiert oder ob man sich über eine kleine Minderheit lustig macht. Wären die Karikaturisten gegen evangelische Pastoren genauso vom Leder gezogen?

Bei *Charlie Hebdo* ist die Sache eindeutig: Die Zeichner attackieren mit einer fast kindlichen Freude alles, was irgendwem irgendwie heilig ist, ob das Jesus am Kreuz ist, der katholische Klerus oder Mohammed. Dass sie auf einem Auge blind sind, kann man ihnen also nicht vorwerfen – wir diskutieren hier im Übrigen nicht über Geschmack. So gesehen darf jede Zeitung alles, solange es durch die Rechtslage nicht verboten ist. Verleumden, persönlich beleidigen, diffamieren oder beschimpfen dürfen aber auch Medien nicht.

Nichtsdestotrotz bleibt ein Unbehagen, Pressefreiheit hin oder her. Gibt es nicht eine Verantwortung der Medien? Wenn es gegen eine Minderheit geht, sollte man sich meiner Meinung nach zurückhalten. Minderheiten haben in der Regel weniger Möglichkeiten sich zu wehren. Jemanden dafür zu verspotten, dass er einer bestimmten Religion angehört, halte ich für mehr als unhöflich. Als wohltuend reflektiert habe ich deshalb die Entscheidung der *New York Times* wahrgenommen, am Tag nach den Pariser Anschlägen keine der *Charlie-Hebdo*-Karikaturen zu veröffentlichen: Ein großer Teil der *New-York-Times*-Leser, begründete der Chefredakteur diesen Schritt, seien Menschen, die sich durch Satire über den Propheten Mohammed beleidigt fühlen würden.

Vielleicht ist mir auch ganz einfach diese gnadenlos über alles herziehende Tradition der französischen Comic-Zeichner fremd, weil es sie in Österreich schlicht nicht gibt. In Deutschland, sieht man einmal von der Satirezeitschrift *Titanic* ab, ist das auch bei Weitem nicht so verbreitet. Ich finde diese Laizismus-Ideologie der Franzosen, seit 1905 gesetzlich verankert, übertrieben. Im Zweifelsfall ist es mir jedenfalls lieber, man macht sich über sich selbst und die eigene Religion lustig.

Ein zweiter Aspekt bereitet mir ebenfalls Unbehagen. Bei den Trauerfeiern nach den Anschlägen von Paris hatte man den Eindruck, dass es Opfergruppen unterschiedlichen Ranges gibt. Der Fokus schien eindeutig auf den zwölf Toten nach dem Anschlag auf die Karikaturzeitschrift und in geringerem Ausmaß auf den ermordeten vier Juden aus dem koscheren Gemischtwarenladen zu liegen. Diesen Eindruck haben auch Mitglieder der Israelitischen Kultusgemeinde in Österreich bei einer Gedenkveranstaltung in Wien geäußert: „Als 2011 in Toulouse gezielt jüdische Kinder ermordet wurden, gab es keine Aufmärsche." Diese Bemerkung hat mich betroffen gemacht. Im einen Fall wurden wahllos Redakteure, im anderen wahllos Kinder erschossen. Ist es womöglich so, dass der Aufschrei deshalb so laut war, weil mit *Charlie Hebdo* ein Medienunternehmen betroffen war?

29 ... und die Folgen

Die politische Reaktion auf den grässlichen Anschlag in Oslo und auf der Insel Utøya 2011, der 77 Menschen das Leben kostete, fand ich bewundernswert richtig. „Unsere Antwort wird mehr Offenheit und mehr Demokratie sein", hatte der damalige Ministerpräsident Norwegens, Jens Stoltenberg, gesagt.

Das Reaktionsmuster nach spektakulären Terroranschlägen ist leider in der Regel konträr: Das sprunghaft gestiegene Sicherheitsbedürfnis wird instrumentalisiert, um noch mehr Überwachungsmöglichkeiten einzufordern. Die Autoren Juli

Zeh und Ilja Trojanow haben in ihrem Buch *Angriff auf die Freiheit*[79] die These vertreten, nicht der Terrorismus, sondern die politische Reaktion darauf seien die eigentliche Bedrohung für die offene Gesellschaft. Tatsächlich ist nach jedem Anschlag in Europa zu hoffen, dass der Überwachungsbogen nicht überspannt wird und wir nicht in die Falle gehen, den Kopf zu verlieren. Denn absolute Sicherheit gibt es nicht, und wir werden sie niemals herstellen können. In erster Linie muss es aus diesem Grund um eine treffsicherere, effizientere Überwachung gehen und nicht um ein Mehr an Überwachungsmöglichkeiten.

Alarmismus ist ein schlechter Ratgeber. Die Telefonverbindungen aller Bürger auf Vorrat zu speichern erscheint mir ebenso wenig zielführend wie der massenhafte Ankauf von gepanzerten Polizei-Fahrzeugen. Die beste Investition ist noch immer jene in Prävention. Es braucht Hilfe für die überforderten Lehrer, die es plötzlich mit Dschihad-willigen Schülern zu tun bekommen. Und der Sicherheitsapparat benötigt eine Menge Beamte, die gut Arabisch und Türkisch sprechen können.

Illusionen über die Effekte all der eilig geschnürten Sicherheitspakete nach *Charlie Hebdo* würde ich mir nicht machen: Meiner Erinnerung nach wurde fast kein Terrorakt der jüngeren Vergangenheit, jedenfalls seit dem 11. September 2001, rechtzeitig erkannt in dem Sinn, dass er mit der entsprechenden Deutlichkeit weitergeleitet worden wäre und von den zuständigen Stellen wahrgenommen werden konnte. Die amerikanische Zeitschrift *New Yorker* hat vor kurzem nachgewiesen, dass „in den letzten fünfzehn Jahren beinahe jeder größere terroristische Angriff auf den Westen von Leuten ausgeführt wurde, die den Behörden längst bekannt waren."[80] Angeblich wurde auch der französische Geheimdienst schon Wochen vor dem Attentat auf *Charlie Hebdo* und den jüdischen Gemischtwarenladen von anderen Geheimdiensten vor den beiden Attentäter-Brüdern gewarnt. Die Geheimdienste kriegen aber wohl täglich hunderte solcher „Alerts" – und sie können nicht herausfiltern, was tatsächlich wichtig und relevant ist.

Sicherheit und Rechtsstaat geraten im Umgang mit den neuen terroristischen Aktivitäten in neue Zielkonflikte. Ist es kriminell, wenn eine volljährige Wienerin einem Kämpfer des IS ihr Heiratsversprechen gibt, und wenn sie sich dann auf den Weg zu ihrem Verlobten in Syrien oder im Irak macht? In meinen Augen ist der IS ohne Zweifel eine kriminelle Vereinigung – aber ist ein Heiratsversprechen ein krimineller Akt? Oder ist es doch eine ihr freistehende Entscheidung? Noch dazu, wenn es stimmt, dass im IS nur die Männer kämpfen dürfen und die Frauen den Haushalt führen müssen? Oder wenn jemand nachweislich im Jemen war und sich dort zum Kämpfer ausbilden lässt – ist das strafbar, solange die Tat nicht begangen worden ist? Und welcher Informationsquelle kann ich hier vertrauen: dem amerikanischen Geheimdienst? Dem jemenitischen? Oder gar dem österreichischen?

Hier haben wir einen riesigen Graubereich. Angesichts der Zunahme des Terrorismus bleibt nichts übrig, als verdächtige Personen zu überwachen. Denn unbestreitbar hat die Allgemeinheit einen Anspruch auf Schutz. Dass dabei nicht nur die Zielpersonen auf die Radarschirme geraten, ist unvermeidlich. Überwachen ist das eine, transparente Information über die Ergebnisse dieser Überwachung das andere.

30 Digitale Zerrbilder

1968 und in den Folgejahren waren bei allen Veranstaltungen zur Abschaffung des Bundesheeres, zur Uni-Reform, zum

Vietnamkrieg etc. Staatspolizisten in Zivil präsent. Das war uns Teilnehmern auch bewusst; konkrete Folgen hatte das meines Wissens für uns Überwachte keine. Aber dafür gibt es keine Garantie. Wie oft wirken sich die Erkenntnisse von Geheimdiensten konkret auf die Lebenschancen Einzelner aus, ohne dass diese davon wissen?

Es kann mir nicht recht sein, wenn ich etwa bei Bewerbungen für Stellen im Öffentlichen Dienst nicht genommen werde, und ich erfahre nicht warum. Gelte ich als politisch unzuverlässig, weil ich einmal mit einem später in Verdacht geratenen Menschen einen Kaffee trinken war? Solche Dinge werde ich nie erfahren, und das halte ich für höchst unbefriedigend. Die Bürger der DDR haben immerhin nach der Implosion des Regimes, als die Aktenschredder teilweise versagt haben, Einblick bekommen, in welcher Form sie überwacht, benachteiligt und schikaniert worden waren.

In der digitalen Gesellschaft ist Überwachung nun noch stärker mit der potenziellen Einengung von Freiheiten verbunden. Durch die neuen Technologien haben sich die Möglichkeiten, auf Daten der Bürger zuzugreifen, vervielfacht. Und die Geheimdienste müssen sich ihre Informationen nicht immer nur holen, sondern wir geben sie ihnen, ohne dass es uns richtig bewusst ist. Denn um überhaupt an der Konsumgesellschaft, an der Informationsgesellschaft, an der Freizeitgesellschaft etc. teilhaben zu können, hinterlassen wir Millionen von Spuren: was wir bei einem Internethändler eingekauft haben und was wir vom gekauften Produkt halten, welche Stelle im elektronischen Buch wir mit einer Anmerkung versehen haben, mit welcher Pulsfrequenz wir unsere Joggingrunde gelaufen sind, mit wem wir zu mitternächtlicher Stunde noch via Skype telefoniert haben. Wir geben diese privaten Daten her, um es bequemer zu haben, um mitreden zu können oder auch ganz simpel, um nichts oder möglichst wenig zahlen zu müssen.

Was, wenn die Geheimdienste diese Spuren längst sammeln, verknüpfen und in elektronischen Dossiers ablegen – nur weil unser Nachbar, mit dem wir uns dann und wann unterhalten, einmal Kontakt zu einem Terrorverdächtigen gehabt hat? Und was, wenn diese Datensammlungen irgendwann einmal in großem Stil missbraucht werden, weil das System nicht mehr demokratisch kontrolliert wird? Wenn jemand auf mein digitales Bewegungsprofil zugreift, der es nicht gut meint? Meine These ist: Totalitäre Regimes werden im digitalen Zeitalter schwieriger zu stürzen sein, weil sie schlicht mehr Zugriff auf bessere Daten haben.

Ich verwende zum Beispiel einen elektronischen Kalender, das ist überaus praktisch. Nun gibt es sicher jemanden, der technologisch darauf zugreifen kann, der meine Mails und Büchereinkaufslisten sehen kann, der weiß, wann ich mich mit wem getroffen habe und treffen werde, ja sogar, welche Inhalte in den digitalen Audiodateien auf meiner Festplatte gespeichert sind. Dieses Wissen kann, wenn es in die falschen Hände gerät, natürlich missbraucht werden. Mit genügend Technikern, die sich einem totalitären Regime fügen, kann ein Überwachungsapparat aufgebaut werden, der jenen des Stalinismus oder des Hitlerismus übertrifft. Sich dieses Apparats zu entledigen, wird dann unendlich schwierig sein. Demokratie und Rechtsstaat bekommen vor diesem Hintergrund plötzlich einen besonders hohen Stellenwert.

Ebenso dramatisch können die psychologischen Folgen der digitalen Überwachung sein: Wenn wir erst einmal Verdacht geschöpft haben, dass all diese Informationen systematisch gesammelt, gespeichert und ausgewertet werden, dann entsteht eine Schere im Kopf; dann erweist sich unser tausendfach getätigter Tauschhandel „Daten gegen Komfort" gleichzeitig als eine Einschränkung unserer Freiheit zu denken, zu reden und zu handeln. Wenn es soweit käme, dann hätten wir unsere Freiheit verkauft, ohne uns dessen wirklich bewusst zu sein.

Wir wissen obendrein, dass viele der Spuren, die wir im Netz hinterlassen, oft aufs Groteskeste missinterpretiert werden. Als ich etwa den Vertrag für dieses Buch per E-Mail an den Verlag schickte, erhielt ich binnen Sekunden die Nachricht: *Banned Content Alert*, also eine Notiz, in dem Dokument befinde sich etwas Verbotenes oder Anrüchiges oder was auch immer; fast so, als hätte ich eine Bombenbauanleitung verschickt.

Wenn auch die Geheimdienste auf solche Quellen vertrauen und mit einer derartig fragwürdigen Analysesoftware arbeiten, dann kann ich mir lebhaft vorstellen, dass unsere Profile in ihren digitalen Aktenschränken eher Zerrbildern eines Spiegelkabinetts gleichen. Ich finde, es braucht einmal ein Buch oder ein Register, in dem die Fehler der Geheimdienste systematisch aufgelistet werden, so wie manche Qualitätszeitungen oft ihre Recherchefehler und Irrtümer („Errata") darstellen und so für mehr Transparenz und Glaubwürdigkeit sorgen.

Die modernen Computerwissenschaften haben unfassbare Kapazitäten geschaffen, um Daten zu speichern sowie Inhalte zu filtern und zu bewerten: einzelne Wörter, Satzkonstruktionen, Bilder. Mit dem gigantischen Anwachsen der Datenmengen sind auch die Mittel, wie man diese Daten sinnvoll „lesen" kann, hochtechnologische geworden. Allein ein Besuch auf der Website der *New York Times*, so schreibt Jaron Lanier, deutscher Friedenspreisträger des Jahres 2014, aktiviert über ein Dutzend konkurrierender Trackingdienste. Sie alle haben das Ziel, zum dominierenden Datensammler zu werden.[81]

Im Zeitalter von Big Data zählt weniger die Kausalität, also klassische Ursache-Wirkung-Erklärungen, sondern die Korrelation. Das Warum wird zusehends ausgeblendet.

Das US-Einzelhandelsunternehmen Wal-Mart, die größte Supermarktkette der Welt, hat herausgefunden, dass Kunden nach Hurrikan-Warnungen vermehrt zu einem bestimmten Frühstücksprodukt greifen, konkret Pop-Tarts mit Erdbeergeschmack.[82] Natürlich platziert Wal-Mart dieses Produkt immer dann auffällig greifbar in den Regalen, wenn laut Wettervorhersage Unwetter aufziehen. Kein Mensch weiß, warum es dieses Verhaltensmuster gibt – entscheidend ist für das Unternehmen die hohe Korrelation zwischen Wetterbericht und Kaufverhalten.

Das ist natürlich ein harmloses Beispiel. In anderen Kontexten kann man schon eher Bedenken haben. Die Münchner Polizei testet seit Herbst 2014 eine Analysesoftware namens *Precobs*, was für *Pre Crime Oberservation System* steht, in den USA hat die Polizei schon seit Längerem ein von IBM entwickeltes Produkt namens *Blue Crush* im Einsatz. Im Kern versucht diese Software aufgrund Verbrechensdaten der Vergangenheit vorauszusagen, wo auch in Zukunft mit einer höheren Wahrscheinlichkeit Straftaten begangen werden. Doch wer kann garantieren, dass diese Daten nicht irgendwann mit Angaben über Täter oder Opfer verknüpft werden? Dass Profile von statistisch auffälligen, aber hypothetischen Tätergruppen angefertigt werden, die zu einem Generalverdacht aufgrund der Zugehörigkeit zu einem Geschlecht, einer Altersgruppe, einer Wohngegend, einer Ethnie, einer Religion führen?

Private Unfall-, Kranken- und Lebensversicherungen haben ein enormes Interesse, zu allen möglichen Daten über potentielle Kunden Zugriff zu haben. Fahren sie Ski oder Rad oder lieben sie die Drachenfliegerei, was sagt die Kreditkarte über ihren Alkohol- oder Tablettenkonsum, spricht der Terminkalender für Burn-Out-Gefahr, … Wenn der staatliche Datenschutz der Verknüpfung solcher privater Daten keinen Riegel vorschiebt, werden nur kerngesunde brave Langweiler privatversichert. Das widerspricht aber dem Grundprinzip einer Versicherung: nämlich der Risikostreuung.

Das Wahlkampfteam von Barack Obama betrieb 2012 erstmals in großem Stil moderne Datenanalyse. Obama verloste je ein Dinner mit den Schauspielern George Clooney und Sarah Jessica Parker, weil sich aus der Datenbank ergab, dass Clooney und Parker bei an der Westküste wohnenden, wohlhabenden Frauen zwischen 40 und 50 Jahren besonders gut ankamen. Angeblich brachten diese Veranstaltungen Image und zusätzliche Spendengelder. Wie für Wal-Mart kann dem Wahlkampfteam egal sein, worauf diese starke Korrelation zwischen Clooney / Parker und bestimmten potentiellen Wählerinnen beruht; Hauptsache: Sie wirkt.

Auch dieses Beispiel ist eher skurril als bedenklich. Big Data ist jedoch nicht nur ein Mittel zur Erhöhung der Treffgenauigkeit von Wahlkampagnen, es hat auch manipulatives Potenzial. Nehmen wir an, dass dank Big-Data-Methoden der Zusammenhang von politischen Großwetterlagen mit einem bestimmten Wahlverhalten nachgewiesen werden kann: Immer, wenn es zum Beispiel eine Terrordrohung im Vorfeld von Wahlgängen gibt, profitieren davon die Law-and-Order-Parteien, die mehr Sicherheit und ein noch entschlosseneres Vorgehen gegen Kriminalität jeder Art versprechen und eine Einschränkung der Bürgerrechte als vertretbares Opfer anpreisen. Der Punkt ist: Hurrikan-Warnungen kann man schlecht erfinden. Terrordrohungen schon.

31 Zwischen Transparenz und Lüge

Manche meinen, dass über drei Jahrzehnte Metternich in Österreich dazu geführt haben, dass man sich hier besonders gern auf seinem Hof verschließt und nichts über sein

Privatleben verrät oder nach außen dringen lässt. Ich finde diese Begründung nicht restlos überzeugend, den Charakterzug halte ich aber für nicht unsympathisch. Es ist zwar unvermeidlich, dass ich dem Staat Daten offenlege: meinen Wohnsitz, mein Einkommen, welches Auto ich fahre, Immobilienbesitz, über das Sozialversicherungssystem auch gesundheitsbezogene Informationen. Doch das heißt nicht, dass diese Daten für *jeden* einsehbar sein sollen. Im Gegenteil, Datenschutz und Verschlüsselung sind in diesen Bereichen extrem wichtig. Gläsernheit im Privaten halte ich, wie ausgeführt, für eine gefährliche Drohung.

Dennoch wird der Ruf nach mehr Transparenz im politischen und wirtschaftlichen Diskurs immer lauter: wenn es um das Bankgeheimnis geht, um Verarbeitungsketten in der Lebensmittelproduktion, um Politikereinkommen oder um das Freihandelsabkommen TTIP. Aber wie viel Transparenz ist nötig, und ab wann bringt sie Schaden?

In Österreich neigen die Behörden dazu, prinzipiell alles dem Amtsgeheimnis zu unterwerfen. Das wird zwar entschärft dadurch, dass man meistens irgendwen findet, den man unter dem Siegel der Verschwiegenheit anrufen kann und der einem unter demselben Siegel der Verschwiegenheit diskret Auskunft gibt … Doch das kann keine Grundlage für eine moderne Demokratie sein. Deshalb ist zuerst einmal festzuhalten, dass Transparenz keine Einbahnstraße sein darf. Die staatlichen Institutionen müssen im Gegenzug für das, was sie von den Bürgern verlangen, desgleichen Einblick gewähren in das, was sie selbst tun.

Das ist auch einer der springenden Punkte bei der Abschaffung des Bankgeheimnisses. Einerseits geht es meinen Nachbarn nichts an, wie viel ich einnehme und wofür ich es ausgebe. Andererseits hat der Staat, d.h. wir alle, ein Interesse, Steuerhinterziehung zu verhindern, damit nicht einige wenige es sich zulasten der Allgemeinheit richten können. Es gilt also einen Kompromiss zu finden. In Österreich wird die Finanzbehörde ab 2016 über ein „Kontoregister" wissen, wer wie viele Konten bei welcher Bank unterhält. Das halte ich für unbedenklich. Heikler ist die Frage der Einsichtnahme in diese Konten. Das wird der Behörde auch ohne Einleitung eines Strafverfahrens, aber nur nach richterlicher Zustimmung gestattet sein.

Soweit so gut. Aber Steuerpflichtige schlucken so eine Maßnahme nicht leichtherzig, wenn sich ihr Staat selbst verschlossen wie eine Auster gibt und beispielsweise an parlamentarische Untersuchungsausschüsse geschwärzte Akten liefert. (Es brauchte den Verfassungsgerichtshof, mit dieser Unsitte Schluss zu machen.) Grundsätzlich sollte man erst einmal das Amtsgeheimnis so weit wie möglich abschaffen und die Auskunftspflichten des Staates präzisieren, ehe man massenweise auf neue Daten der Bürger zugreifen will. Dieses Prinzip gilt auch im parlamentarischen Kontext: Der ehemalige Landwirtschaftsminister Nikolaus Berlakovich weigerte sich, genaue Angaben über die in Österreich ausgebrachte Menge an Neonicotinoiden zu machen, einem Pestizid, das für Bienen schädlich ist. Begründung: Amtsgeheimnis. Das war lachhaft, aber typisch. Regelmäßig werden die Ergebnisse von Studien, die ein Minister in Auftrag gegeben hat, unter Verschluss gehalten. Und parlamentarische Anfragen von Abgeordneten werden von der zuständigen Ministerin häufig völlig unzureichend beantwortet. In meinen 21 Jahren als Parlamentarier ist es nur einmal passiert, dass ein Regierungsmitglied die schriftliche Beantwortung meiner Dringlichen Anfrage mir noch vor seiner mündlichen Stellungnahme übermittelt hat – dabei könnte das durchgängig so sein.

Vor allem um Transparenz ging es im Übrigen in den Jahren nach 1968 an den Universitäten – bevor 1975 die

Reformen Hertha Firnbergs in Kraft traten –, als AssistentInnen und Studierende die Nachvollziehbarkeit von Fakultätsentscheidungen einforderten. Aus gutem Grund hebt der Verfassungsgerichtshof Verordnungen auf, wenn nicht nachvollziehbar ist, wie eine Behörde zu ihrem Urteil gekommen ist. Ziel ist die Hintanhaltung von Willkür, deshalb sollten auch die Ergebnisse von Geheimdienstarbeit einem bestimmten Transparenzzwang unterliegen, wie bereits dargestellt. Dass politische Mandatare, vom Gemeinderat bis zum Nationalrat, ihre Nebentätigkeiten als Aufsichtsräte melden müssen, halte ich überdies für sinnvoll, um Unvereinbarkeiten zu vermeiden und das Vertrauen in politische Arbeit zu stärken.

Jedes Land hat andere Traditionen, was Transparenz betrifft, und zwischen westlichen Demokratien und Schwellenländern gibt es riesige Unterschiede. Die indische Aktivistin Aruna Roy hat bei einer Diskussionsveranstaltung in Wien Anfang 2015 geschildert, wie in Indien Behörden über Jahrzehnte prinzipiell keine Information hergegeben haben, zum Beispiel über Armutsstatistiken – das Internet war dann ein wichtiges Instrument, um die Interessen der Aktivisten gegen diese Praxis zu bündeln. In Schweden kann ich dagegen die Steuererklärung meines Nachbarn öffentlich einsehen. Das würde bei uns wiederum zu einem Volksaufstand führen.

Skeptisch bin ich, was Transparenz bei laufenden Verhandlungen betrifft. Die Grünen pflegten früher das Mantra, dass parteiintern alle jederzeit vom laufenden Stand unterrichtet sein müssen, etwa bei den Koalitionsverhandlungen mit der ÖVP 2003. Das halte ich für kontraproduktiv. Es muss Sachen geben, die man zunächst einmal für sich behält und nicht im Scheinwerferlicht der Öffentlichkeit abhandelt.

Das heißt im Umkehrschluss nicht, dass das Friss-Vogeloder-stirb-Prinzip automatisch das bessere ist. Wenn der

Großteil im stillen Kämmerlein ausverhandelt wird, wie man anfangs bei TTIP den Eindruck hatte, dann macht das natürlich misstrauisch. In einer so komplexen Materie ist es besser, von Fall zu Fall oder von Verhandlungsabschnitt zu Verhandlungsabschnitt darüber zu informieren, in welche Richtung es geht. Aber wenn jeder immer alles öffentlich macht, was soll dann bei Verhandlungen schon groß herauskommen?

Führt Transparenz auch zu mehr Wahrheit, oder müssen Politiker im Sinne des Gelingens ihrer Vorhaben manchmal auch bewusst die Unwahrheit sagen? Auch wenn ich mich damit nicht beliebt mache: Verschweigen, vernebeln oder gegen die eigene Überzeugung reden kann im politischen Kontext manchmal sogar vernünftig und strategisch zielführend sein. 2011 brachte das BZÖ, jene praktisch nicht mehr existente letzte Haider-Gründung, eine Dringliche Anfrage an die damalige ÖVP-Finanzministerin Maria Fekter im Parlament ein. Im Kern ging es um die Frage: Ist Griechenland zahlungsunfähig oder nicht? Fekter hatte meines Erachtens keine andere Wahl als sinngemäß zu sagen: alles paletti. Ich habe am Rednerpult zwar dann den Verdacht geäußert, dass das Land sehr wohl zahlungsunfähig ist – aber es macht eben einen entscheidenden Unterschied, ob eine Finanzministerin oder der Chef einer kleinen Oppositionspartei so etwas sagt. Ich glaube ja, dass auch Fekter zum damaligen Zeitpunkt von der De-facto-Insolvenz Griechenlands überzeugt war. Wenn es so war, halte ich es für richtig, dass sie das nicht gesagt hat. Denn sonst hätte es zu Turbulenzen auf den internationalen Anleihemärkten kommen können, gegen die Fekter machtlos gewesen wäre. Allenfalls hätte Mario Draghi mit der EZB die Suppe wieder auslöffeln müssen. Die Kinder dürfen auf den Kaiser zeigen und feststellen, dass er nackt ist – der Hofmarschall hingegen nicht, es sei denn, er will unbedingt sein Amt loswerden.[83]

Die Wahrheit ist also nicht nur eine Tochter der Zeit, sondern auch der Umstände. Das ist übrigens ein wissenschaftliches Grundprinzip: Das ptolemäische Weltbild galt 1500 Jahre als wahr, bis es Kopernikus, Kepler und Galilei im 16. bzw. 17. Jahrhundert dann auf den Kopf gestellt haben.

32 Privatsphäre und Politik

Meine Bibliothek ist mir heilig. Immer wieder verbringe ich halbe Abende damit zu überlegen, wo ich in meinen knappen Räumlichkeiten noch ein Bücherregal unterkriegen könnte. Solche privaten Rückzugsräume zu haben, halte ich für unverzichtbar. Deshalb kann ich mir niemals vorstellen, meine Wohnung über eine Internet-Vermittlungsplattform wie Airbnb an Fremde zu vermieten, so wie das derzeit groß in Mode ist. Ich kann noch immer kaum glauben, dass Marc Zuckerberg, der Gründer des sozialen Netzwerks Facebook, Privatsphäre einmal als „überholte soziale Norm" bezeichnet hat.[84] Privatsphäre ist für mich untrennbar mit der Freiheit des Individuums verbunden.

Auch Bargeld gehört für mich dazu. Jüngst haben Ökonomen vorgeschlagen, für eine wirksamere Geldpolitik der Notenbanken Banknoten und Münzen abzuschaffen. Das mag geldpolitisch begründet sein – aber Bargeld ist ein kleines Beispiel für die Verknüpfung und gegenseitige Bedingtheit von Anonymität und individueller Freiheit. Wenn krimineller Drogenhandel und Ähnliches durch Transaktionen mit Bargeld erleichtert werden, so mag man die 500-Euro-Scheine abschaffen, von mir aus auch die 100-Euro-Scheine, aber nicht das Bargeld an sich.

Stellen wir uns vor, in Herrn Müllers Wohnung gäbe es offene oder versteckte Kameras und Abhörgeräte. Am anderen Ende der Leitung setzt sich dann jemand an ihren oder seinen Laptop und schaut, was Herr Müller macht: Ob er gerade Kaffee kocht, am WC ist oder gerade etwas tut, was gesellschaftlich vielleicht verpönt ist, aber nur ihn etwas angeht. Aber wenn ihm jemand andauernd über die Schulter schauen kann, bedeuted das nicht Freiheit, sondern Gefängnis. Für unüberlegtes Gewäsch halte ich daher den Satz: „Ich habe ja nichts zu verbergen."

Es gibt natürlich Berufe, die Einschränkungen der Privatsphäre mit sich bringen. Kein Generaldirektor, und wenn das Unternehmen noch so groß ist, hat etwa mit einem derartigen Ausmaß an Nichtanonymität zu rechnen wie ein durchschnittlicher Politiker. Schlimmer noch dran sind die Menschen aus dem internationalen Showbusiness. Es muss furchtbar sein, ein Hollywoodstar zu sein. Die werden auf der ganzen Welt erkannt, egal wo. Selbst jetzt, da ich schon seit sieben Jahren nicht mehr Grüner Bundessprecher bin und sich meine Auftritte im Fernsehen und in den Zeitungen massiv reduziert haben, erkennen mich noch immer relativ viele Menschen auf der Straße oder in der U-Bahn. Mindestens zweimal in der Woche werde ich von Unbekannten aufgefordert, bei den österreichischen Bundespräsidentschaftswahlen 2016 zu kandidieren.

Das ist okay und auch nicht unangenehm. Aber viel weiter sollte es nicht gehen. Der partielle Verlust von Privatsphäre als Politiker ist eindeutig auf der Kostenseite dieses Berufs zu verbuchen.

Natürlich hat man einen Handlungsspielraum, das Ausmaß mitzubestimmen, in dem man die Privatsphäre verliert. Wenn Sie Journalisten in Ihre Wohnung lassen, sich für Modemagazine in Szene setzen oder private Themen an die Öffentlichkeit lancieren, werden Sie das vielleicht ein Leben lang nicht mehr los. Nicht einmal den kleinen Finger darf man hergeben, sonst wird man später mit Haut und Haar gefressen. Aber natürlich ist das nach Jahren in der Politik leichter gesagt, als wenn man noch gänzlich unbekannt ist. Ich gebe zu, am Beginn meiner politischen Laufbahn selbst ein oder zwei Fehler auf diesem Gebiet gemacht zu haben.

Zur unvermeidlichen Einschnürung der Privatsphäre von Politikern zählt auch, dass ab bestimmten Positionen Überwachung notwendig wird bzw. Sicherheit ihren Preis fordert. Als Joschka Fischer, deutscher Außenminister, zu Besuch in Wien war, ging ich mit ihm abendessen; am Nebentisch saßen vier Sicherheitsleute. Diskreter, fast beschaulich ist dagegen die österreichische Variante: Mit Bundespräsident Heinz Fischer saß ich einmal in einem Wiener Gartenlokal, und auf meine Beobachtung hin, dass keine Security zu sehen sei, sagte er nachlässig: „Jaja, der sitzt da hinten!" Es war genau einer, und nicht vier. Bei uns gehen Sie in ein Ministerium, grüßen freundlich den Portier und sind schon drin. Ich übertreibe nur wenig. Versuchen Sie einmal, ein Ministerium in Berlin zu betreten; planen Sie mindestens eine Viertelstunde zur Überwindung der Security-Checks ein.

Nicht einmal vorstellen mag ich mir das Leben einer US-amerikanischen Präsidentin. (2016 könnte zum ersten Mal in der Geschichte die weibliche Form die richtige sein: Hillary Clinton wird es schaffen.) Sie ist niemals „privat", auch nicht, wenn ihre Amtszeit abgelaufen sein wird. Und das gilt auch für den Ehepartner, die Kinder, den Hund und die Katze, das gesamte private Umfeld: Jede Party, jede Führerscheinkontrolle, jede Veränderung des Beziehungsstatus bleibt auf den Monitoren. In gewisser Weise sehen wir eine Wiederkehr feudaler Verhältnisse, etwa der Zeit Ludwigs des Vierzehnten: Nichts, was der König tut, ist „privat".

In den USA können Sie praktisch keinen Wahlkampf bestreiten, ohne dass Sie Ihre Familie miteinbeziehen, die

Kinder eingeschlossen. Wenn Sie solo auftreten, gelten Sie automatisch als verdächtig. Der Zwang, nach „Verfehlungen" öffentlich Abbitte zu leisten, ist für mich Puritanismus in Reinkultur. Privatsphäre geht dort in einer großen Show auf. Mir hat sich als Anekdote eingeprägt, dass Michelle Obama vor einigen Jahren mit einer Freundin einen Kurzurlaub an der spanischen Costa del Sol gemacht hat. Eine völlig unpolitische Reise – aber mit Dutzendschaften von Security-Leuten! Die Kosten dieses Trips wurden der First Lady dann natürlich in den Massenmedien vorgerechnet. Aber hatte sie denn eine Wahl?

Als Politiker volle Souveränität über seine Privatsphäre zu bewahren, ist eine Illusion, das ist mir schon klar. Was man machen kann: Dem Bedürfnis der Öffentlichkeit nach privaten Informationen höchstens selektiv entgegenkommen – und sich nicht von jeder im Internet gestreuten Behauptung zermürben lassen. Im Zweifelsfall helfen dabei auch die zwei für mich zentralen Tugenden Ironie und Gelassenheit. Sie schützen vor geballter Aufgeregtheit, die es im digitalen Zeitalter zur Genüge gibt: Zur Kunst der Freiheit gehört, Shitstorms aus dem Weg zu gehen, und wenn das nicht möglich ist, im Auge des Sturms zumindest ruhig zu bleiben. Freilich, *there is no free lunch*, chronische Gelassenheit kann auch hinderlich sein: Hat man eine Grunddistanziertheit zur Welt, fehlt einem mitunter auch der Impetus zur Tat.

Was bedeutet das für mein Leben nach Parlament und Gemeinderat?

33 Was wird

Wenn ich meine Tätigkeit als Abgeordneter mit den Wiener Gemeinderatswahlen im Herbst 2015 beende, werde ich mit

Sicherheit vieles, aber nicht alles vermissen. Denn natürlich ist die Arbeit im Parlament, in den Klubs und Ausschüssen etc. auch mit viel Leerlauf verbunden. Ich hatte mir vorher nicht vorstellen können, wie viele Leute es gibt, die Sitzungen nach dem Motto verlängern: „Es wurde schon alles gesagt, nur nicht von mir." Neulich hat mich eine E-Mail-Anfrage eines Bürgers überfordert: Ich sollte meine tägliche Arbeitszeit als Politiker angeben. Aber noch jahrelang, nachdem ich von der Uni in die Politik gewechselt war, hatte ich abends wegen der ewigen Sitzungen den frustrierenden Eindruck, ich hätte an diesem Tag gar nichts gearbeitet. – Nicht, dass an der Uni alles anders war. Fakultätssitzungen dauerten immer mehrere Stunden, völlig unabhängig davon, ob die Tagesordnung wichtige Punkte enthielt oder nicht. Ein interessantes Phänomen.

Werden die Verpflichtungen des Tages weniger, dann sollte mehr Raum für die persönlichen Freiheiten sein, die mir wichtig sind. Ich könnte mehr Zeit am Kaunerberg mit meinen zwei Hunden verbringen, in jener Tiroler Region, in der ich auch aufgewachsen bin. In meiner Bibliothek stehen zahllose ungelesene Bücher herum, denen ich mich endlich widmen will. Gleich zwei Bände über Joseph II. sind darunter[85], die Marx-Biographie von Jonathan Sperber[86], und eine Menge von anderen historischen Werken. Oder eine sehr schön gestaltete Kulturgeschichte der Farbe Grün, von den Alten Griechen bis heute.[87] Dann gibt es auch noch einige amerikanische, südafrikanische und österreichische Krimiautoren, deren Werke man am besten in einem Zug liest: zum Beispiel Dennis Lehane, Roger Smith und Stefan Slupetzky.

Vielleicht verbessert sich auch mein Verhältnis zur Lyrik. Anlässlich des Todes einer Mitarbeiterin machte mich eine befreundete Lehrerin auf Gedichte aufmerksam, darunter auf eines von Friedrich Hölderlin, das mich in dieser

Ausnahmesituation völlig „erwischt" hat. Seither nehme ich mir vor Hölderlin zu lesen.

Die Geschichten von Chandler und Hammett nahmen mich wohl auch deshalb so ein, weil ihre Protagonisten diese spezielle Tugend der ironischen Gelassenheit besitzen. Sie lassen sich nicht von der Schlechtigkeit der Welt erschüttern, erheben sich aber auch nicht über sie. Was Ironie und sarkastische Verfremdung betrifft, war die amerikanische und britische Literatur der deutschen ohnehin stets überlegen; Thomas Mann und einige wenige andere Autoren ausgenommen. Die österreichischen Autoren sind hingegen oft einen Sonderweg gegangen, von Robert Musil bis Thomas Bernhard. Sie haben eine ganz eigene Tonart angeschlagen: Gemeinsam ist ihnen der besondere Zugang zur Sprache, die fast immer etwas Verspielt-Musikalisches hat. Selbst der erfolgreichste Krimi-Autor der letzten Jahre, Wolf Haas, punktet kaum mit stringenten Plots als vielmehr mit seiner sprachmelodisch unterlegten Liebe fürs Skurrile und Absurde.

Thomas Bernhard nahm sich auch politisch kein Blatt vor den Mund. Man kann schon nachvollziehen, warum er nach seinen Äußerungen über das „katholische und nationalsozialistische" Österreich als Übertreibungskünstler tituliert wurde. Und doch hatte ich den Eindruck, dass die politischen und medialen Reaktionen auf seine Ausbrüche ihm nachträglich Recht gaben, oder seine Ausbrüche zumindest verständlicher erscheinen ließen. Das eigentliche Schauspiel rund um die Uraufführung seines Dramas *Heldenplatz* 1988 fand schließlich nicht im Burgtheater statt, sondern in der *Krone* und auf der politischen Bühne.

Nun ist die Entscheidung, vor der ich beim Abschluss dieses Buches stehe, kein Heldenplatz-Drama. Aber wichtig genug ist sie: Soll ich für das Amt des österreichischen Bundespräsidenten kandidieren? Politische Freunde raten mir zu, private Freunde ab. Und ich muss Sie, verehrte Leserin, verehrter Leser, enttäuschen: Eine endgültige Entscheidung wird vermutlich auch beim Erscheinen dieses Buches noch nicht gefallen sein.

Im Wesentlichen stehen sich zwei Überlegungen diametral gegenüber. Einerseits, so viel sollte in diesem Buch klar geworden sein, ist die Funktion des Bundespräsidenten im Grunde unvereinbar mit meinem Anspruch auf Privatsphäre. Und im Alter von bald 72 Jahren möchte man doch mehr davon haben. Andererseits, nur wenigen Personen wird die Ehre und das Vertrauen zuteil, als zumindest nicht aussichtsloser Kandidat für dieses höchste Amt der Republik zu gelten. Schaffe ich es in die Stichwahl, dann ist der Ausgang des Wettbewerbs um die Hofburg offen. Wie immer ich mich entscheide, für das Recht auf individuelle Freiheit, oder – wie es eine Freundin pathetisch formulierte – für den Dienst an der Republik, ich hoffe sehr, dass ich auf Verständnis stoße. Leicht mache ich es mir nicht.

ANMERKUNGEN

1   Vgl. Fareed Zakaria: *The Future of Freedom. Illiberal Democracy at Home and Abroad.* W. W. Norton 2003.

2   Siehe dazu neuerdings Timothy Tackett: *The Coming of the Terror in the French Revolution.* Belknap / Harvard University Press 2015.

3   „Schließlich dürfen wir uns nicht verhehlen, dass die meisten sogenannten Revolutionen es nicht nur nicht zu einer echten Gründung der Freiheit, einer *constitutio libertati*s, bringen, sondern nicht einmal imstande sind, den Völkern die ‚Segnungen‘ einer in ihrer Macht ‚beschränkten Regierung‘, also eines Rechtsstaates, zuteil werden zu lassen. (…) Freiheit ist nie verwirklicht, wenn das Recht auf aktive Teilhabe an den öffentlichen Angelegenheiten den Bürgern nicht garantiert ist." Hannah Arendt: *Über die Revolution*, Piper o.J. (1963), S. 281.

4   „This opposition came to define itself as democratic, anti-totalitarian, nonviolent, and non-conspiratorial; its ultimate aim was to bring about a ‚self-limiting‘ revolution …" Paul Wilson: *Adam Michnik: A Hero of Our Time*, in: *The New York Review of Books*, Ausgabe vom 2. April 2015, S. 73.

5   *Über die Freiheit* ist als Reclam-TB erhältlich. – Eine vorzügliche Zusammenfassung (und Kritik) der Positionen Mills findet sich im 4. Kapitel von Isaiah Berlin: *Freiheit – Vier Versuche*, Fischer Taschenbuch, 2006.

6   Isaiah Berlin: *Freedom and its Betrayal: Six Enemies of Human Liberty*, Henry Hardy 2002.

7   Absolut lesenswert auch Mark Lillas Essays über
     deutsche und französische Intellektuelle, die man als
     „philotyrannisch" bezeichnen könnte, etwa Martin
     Heidegger und Carl Schmitt: *The Reckless Mind, Intel-
     lectuals in Politics*. New York Review Books 2001. – Ver-
     wandte Thematik bei Ralf Dahrendorf: *Versuchungen
     der Unfreiheit. Die Intellektuellen in Zeiten der Prüfung*.
     C.H. Beck 2006.

8   Eine konzise Kurzfassung seiner Interpretation von
     Geschichte und politisch motivierter Gewalt findet sich
     in: Isaiah Berlin: *A Message to the 21ˢᵗ Century*, in: *The
     New York Review of Books*, Ausgabe vom 23. Oktober
     2014.

9   Zur Kritik des nationalen Souveränitätsbegriffs heute
     siehe Kapitel 24: *Dauerbaustelle Europa*.

10   Kogler / Van der Bellen: *Die Bedeutung von Hochschulen*,
     siehe dort Fußnote 12.

11   Robert Musil: *Der Mann ohne Eigenschaften*, hier aus:
     Rowohlt Taschenbuch 1987, S. 649.

12   Siehe Fußnote 28.

13   © Johannes Voggenhuber.

14   Vgl. Michael Walzer: *The Paradox of Liberation: Secular
     Revolutions and Religious Counterrevolutions*. Yale
     University Press 2015, bzw. die Rezension von Michael
     Ignatieff (*The Religious Specter Haunting Revolution*) in
     der *New York Review of Books* vom 4. Juni 2015.

15   1945 war der Anteil der NSDAP-Mitglieder und
     -Anwärter in der Professorenschaft der Universität
     Wien hoch: 77 Prozent in der Philosophischen Fakultät,
     83 Prozent in der Medizinischen, 71 Prozent in der

Rechts- und Staatswissenschaftlichen und 75 Prozent in der Evangelisch-Theologischen Fakultät. Siehe Vorwort von Walter Manoschek zu Roman Pfefferle / Hans Pfefferle: *Glimpflich entnazifiziert.* Vienna University Press 2014.

16 Aus den zahllosen Rezensionen zu Houellebecqs *Soumission* greife ich die von Mark Lilla heraus: *Slouching Toward Mecca*, in: *The New York Review of Books*, Ausgabe vom 2. April 2015, S. 41–43.

17 Allerdings zeigt sich, „that the great majority of high-achieving low-income students ... never apply to any selective college, much less to several, as their better-off peers typically do." Es fehlt an Information und Anleitung, wie man ein Stipendium erlangen könnte. Siehe Andrew Delbanco, *Our Universities: The Outrageous Reality*, in: *The New York Review of Books*, Ausgabe vom 9. Juli 2015, S. 38–41.

18 Ausgabe vom 20. Jänner 2015.

19 Alexander Van der Bellen: *Politik in Universitäten*, in: Hubert Christian Ehalt, Oliver Rathkolb (Hg.): *Wissens- und Universitätsstadt Wien*. Vienna University Press 2015, S. 303–313.

20 Siehe Rafael Kropiunigg: *Eine österreichische Affäre. Der Fall Borodajkewycz*, Czernin Verlag 2015.

21 Stephan Koren war Professor an der Universität Innsbruck, als ich bei ihm die II. Diplomprüfung aus Wirtschaftspolitik ablegte. Ein hervorragender Lehrer und angenehmer Prüfer. Außerdem rauchte er filterlose *Player's Navy Cut*-Zigaretten.

22 Siehe dazu Doron Rabinovici: *Rot-Blau: Die erbärmliche Kapitulation der SPÖ*, und Barbara Coudenhove-Kalergi: *Nur für unsere Leute*, in: *Der Standard*, 11. Juni 2015, S. 35.

23 Vgl. Hubertus Czernin (Hg.): *Wie ich Politiker wurde*, Czernin Verlag 2004, S. 213ff.

24 Freda Meissner-Blau: *Die Frage bleibt. 88 Lern- & Wanderjahre*, Amalthea 2014.

25 Janek Wasserman: *Black Vienna. The Radical Right in the Red City*, Cornell University Press 2014.

26 Pius XI. unterstützte zunächst Mussolini, mit dem er den Lateran-Vertrag (1929) ausgehandelt hatte. In den letzten Jahren vor seinem Tod (1939) änderte er seine Meinung: „He soured on fascism and became disillusioned with Mussolini and disgusted by Hitler. Unlike his principal advisers, he seems to have gradually understood that fascism was not just another conservative movement but a dangerous pagan ideology that was deeply at odds with Christianity." Die Vatikan-Bürokratie verhinderte jedoch eine Veröffentlichung dieser Positionsänderung. Siehe Alexander Stille: *The Pope Who Tried*, in: *New York Review of Books*, Ausgabe vom 23. April 2015, hier S. 49.

27 Siehe das Kapitel „Otto Skrbensky – die Schlüsselfigur der Entnazifizierung" in: R. Pfefferle / H. Pfefferle (Fußnote 15).

28 Vgl. *Bedrohte Intelligenz*, Publikation zur gleichnamigen Ausstellung der Universität Wien (2015), hier S. 58ff. Siehe auch die Tagebucheintragung des berühmten Ökonomen und Spieltheoretikers Oskar Morgenstern vom 6. Juli 1947 anlässlich seines Besuchs in Wien: „The

Sektionschef Skribensky does nothing, but he lies: all (!) dismissed have been invited back. That is not true." Digitalisierte Tagebuchedition O.M., gams.uni-graz.at. – Korrekt lautet der Name Otto Skrbensky.

29 Siehe das Kapitel *Parallelgesellschaften* in: Robert T. Kogler / Alexander Van der Bellen: *Die Bedeutung von Hochschulen für Städte am Beispiel Wiens*, in: Nino Tomaschek und Judith Fritz (Hg.): *Die Stadt der Zukunft*, Waxmann 2015.

30 Andreas Koller hat eine treffende Glosse dazu geschrieben: *Salzburger Nachrichten* vom 9. Juli 2015.

31 *Das verordnete (Frauen-)Bild in der Werbung*, in: *Die Presse*, 13. Juni 2015.

32 Über Frauenbilder in der Werbung, in: *ZEIT-Magazin*, 19. Mai 2015.

33 Bei *Mein Kampf* mache ich eine Ausnahme von der Regel.

34 Z.B. Ilja Trojanow / Juli Zeh: *Angriff auf die Freiheit. Sicherheitswahn, Überwachungsstaat und der Abbau bürgerlicher Rechte*, dtv 2010.

35 Christian Neuwirth: *Alexander Van der Bellen. Ansichten und Absichten*, Molden 2001.

36 In seiner Ausgabe vom 9. Mai 2015 untersucht der *Economist* das „Geschäft mit der Korruptionsbekämpfung" in den USA und kommt zum Schluss, dass die Justizbehörden Gefahr laufen, zu weit zu gehen.

37 https://www.youtube.com/watch?v=A5zGtR55hjI

38 Siehe Ian Katz: *The death of the political interview. Financial Times*, online, last updated September 7, 2014.

39 Ebenda.

40 Joseph Lelyveld: *Obama: Confessions of the Consultant*, in: *The New York Review of Books*, Ausgabe vom 23. April 2015, S. 8.

41 Dieses Versprechen wurde schon 2012 nicht eingehalten. Im Rahmen der Regelungen zum European Stability Mechanism (ESM) waren auch zwei Sätze im EU-Vertrag zu ergänzen, die vom Nationalrat mit Zweidrittelmehrheit beschlossen wurden. Ohne Volksabstimmung.

42 Helmut Schmidt: *Was ich noch sagen wollte*, C.H. Beck 2015, S. 23.

43 Das literarische Genre ist hier nebensächlich. Man kann beispielsweise bei Elfriede Jelinek und Peter Turrini etwas über Österreich lernen, bei Philip Roth über die USA, und bei Agatha Christie über die englische Oberschicht ...

44 http://www.spiegel.de/international/spiegel/spiegel-interview-with-chile-s-michelle-bachelet-only-cleaned-wounds-can-heal-a-404859.html

45 *Die Presse* vom 12. September 2009. Anlass war der 100. Geburtstag von Hertha Firnberg.

46 Vgl. Joseph Lelyveld, Fußnote 40.

47 Othmar Pruckner: *Eine kurze Geschichte der Grünen*, Ueberreuter 2005.

48 *Program for International Student Assessment* der OECD.

49 Ausgabe vom 19. August 2010.

50 So der Erziehungswissenschaftler Karlheinz Gruber im *Standard* vom 18. April 2015. Seiner Ansicht nach

hat der Bologna-Prozess „im vergangenen Jahrzehnt die meisten Studiengänge in bürokratische Prokrustesbetten gezwungen."

51 *European Credit Transfer System.*

52 Vgl. etwa Wolfgang Neugebauer / Peter Schwarz: *Der Wille zum aufrechten Gang.* Czernin Verlag 2005.

53 In Wasserman's *Black Vienna* (Fußnote 25) kommt Wilhelm Andreae mehrmals vor: als Angehöriger des rechtskatholischen Kreises um Othmar Spann, also Faschismus-affin, aber kein Nazi.

54 Neuauflage bei Zsolnay, 2000.

55 Siehe dazu Hans Rauscher: „*Klimalüge"* *und Aluhut,* in: *Der Standard* vom 10. Juli 2015, Glosse auf S. 1.

56 Stern meinte später, seine ohnehin pessimistischen Annahmen seien von der Entwicklung seither noch übertroffen worden; siehe sein Interview in *The Guardian* vom 26. Jänner 2013. – Zum Klimawandel vgl. auch Gernot Wagner / Martin L. Weitzman: *Climate Shock: The Economic Consequences of a Hotter Planet.* Princeton University Press 2015. Sie messen *tail events* – Aspekten des Klimawandels, die mit geringer Wahrscheinlichkeit, aber mit extremen Folgen eintreten – besondere Bedeutung zu.

57 Zum Free-Rider-Problem im Klimaschutz siehe z.b. William D. Nordhaus: *A New Solution: The Climate Club,* in: *The New York Review of Books,* Ausgabe vom 4. Juni 2015, S. 36–39.

58 Zur Frage, ob Elternvereine die tägliche Jause für SchülerInnen ohne Allergeninformation bereitstellen dürfen,

siehe *Salzburger Nachrichten* vom 21. Juli 2015, Lokalteil S. 6.

59 Joschka Fischer: *Scheitert Europa?* Kiepenheuer & Witsch 2014.

60 „Die EU kann auch scheitern", Interview mit Erhard Busek, in: *Salzburger Nachrichten* vom 17. Juli 2015.

61 Siehe Christopher Clark: *The Sleepwalkers. How Europe Went to War in 1914.* Harper Collins 2013 (zuvor: Allen Lane 2012).

62 „Hegel bemerkt irgendwo, dass alle großen weltgeschichtlichen Tatsachen und Personen sich sozusagen zweimal ereignen. Er hat vergessen hinzuzufügen: das eine Mal als Tragödie, das andere Mal als Farce." Karl Marx: *Der achtzehnte Brumaire des Louis Bonaparte,* Dietz Verlag 1971 (1852), S. 15.

63 Siehe Carmen M. Reinhart / Kenneth S. Rogoff: *This Time Is Different. Eight Centuries of Financial Folly.* Princeton University Press 2009, hier S. 87 und S. 91. – Christian Gonsa: *König Ottos Erben: Die Pleitengeschichte der Hellenen,* in: *Die Presse* vom 19. Juli 2015.

64 „Greece's debt can now only be made sustainable through debt relief measures that go far beyond what Europe has been willing to consider so far." Zitat aus einem Memo des IMF, in: *Financial Times* vom 17. Juli 2015, S. 2.

65 Innerhalb Österreichs ist es auch nicht anders. Auch Jahre nach dem Finanzdebakel des Bundeslandes Salzburg und dem noch viel ärgeren Kärntens gibt es keine rechtlichen Vorkehrungen für den Konkurs eines Bundeslandes. Dahinter steht die zweifellos nicht

unrealistische Annahme, der Bund werde im Ernstfall schon einspringen. Im vorangegangenen Kapitel *Dauerbaustelle Europa* sprachen wir von Anreizsystemen für Politiker …

66 Siehe etwa *History of restructuring shows more than one way to skin a creditor*, in: *Financial Times* vom 17. Juli 2015, S. 2.

67 *Salzburger Nachrichten* vom 17. Juli 2015, S.1; und ähnlich in anderen Zeitungen dieses Tages, z.B. *Financial Times* S. 2.

68 Wolfgang Münchau schreibt in seinem Kommentar in der *Financial Times* vom 20. Juli 2015: „The Germans refuse any discussion on this subject, citing some trumped-up rules according to which eurozone countries are not allowed to default. This is legal hogwash …"

69 Zuletzt etwa in der Frage, ob die EZB mit ihren Offenmarktgeschäften – dem Ankauf bestimmter Staatsanleihen – ihre Kompetenzen überschreitet. Vgl. auch Wolfgang Münchau: *The make believe world of eurozone rules*, in: *Financial Times*, 27. Juli 2015.

70 Wenn im Jahre t das BIP 100 Mrd. beträgt und der Schuldenstand auch, dann ist die Schuldenquote 100 Prozent. Wenn im Jahr t+5 die Schulden unverändert 100 betragen, das BIP aber um 30 Prozent gesunken ist, so liegt die Schuldenquote nun bei 143 Prozent.

71 Siehe Helmut Kramer: *Zwischen Grexit und Charybdis*, in: *Die Presse*, Spectrum vom 18. Juli 2015. – Die Diskussion um „non-Keynesian effects" von Steuererhöhungen und Ausgabenkürzungen dreht sich im Grunde um die Frage, ob die „Theorie rationaler Erwartungen" eine empirische Basis hat. Moderner Ausgangspunkt war ein

Artikel von Francesco Giavazzi und Marco Pagano: *Can Severe Fiscal Contractions Be Expansionary? Tales of Two Small European Countries*, in: *NBER, Macroeconomics Annual* 1990, Volume 5.

72 Der Doyen der ökonomischen Verteilungstheorie, Anthony B. Atkinson, nennt sie eine Capital Receipts Tax. (*Can we reduce income inequality in OECD countries?* In: *Empirica*, Vol. 42, Nr. 2, 2015, S. 211–223.) Vgl. auch Thomas Pikettys Rezension von Atkinsons Buch *Inequality: What Can Be Done?* (Harvard University Press 2015), in: *The New York Review of Books*, Ausgabe vom 25. Juni 2015, S. 26–29.

73 www.hfcs.at

74 Vgl. die Analysen von Elizabeth Drew, Fußnote 77.

75 Francis Fukuyama: *Why is Democracy Performing so Poorly?*, in: *Journal of Democracy* 1/2015, S. 11–20.

76 Vgl. das Streitgespräch zwischen den Historikern Jörg Baberowski und Karl Schlögel, in: *Die Zeit* vom 16. Juli 2015, S. 44/45.

77 Elizabeth Drew hat in zwei Artikeln in der *New York Review of Books* die Möglichkeiten analysiert, die US-Präsidentenwahlen zu manipulieren, vor allem durch gezielte Behinderung der Stimmabgabe oder durch anonyme und der Höhe nach unbegrenzte Wahlkampfspenden von Milliardären. Siehe *Big Dangers for the Next Election* und *How Money Runs Our Politics* in den NYRB-Ausgaben vom 21. Mai bzw. 4. Juni 2015.

78 Hugh Eakin: *Norway: The Two Faces of Extremism*, in: The New York Review of Books, Ausgabe vom 5. März 2015.

79   Siehe Fußnote 34.

80   Mattathias Schwartz: *The Whole Haystack*, in: *The New Yorker*, Ausgabe vom 26. Jänner 2015.

81   Jaron Lanier: *Wem gehört die Zukunft?* Hoffmann und Campe 2014.

82   Viktor Mayer-Schönberger / Kenneth Cukier: *Big Data. Die Revolution, die unser Leben verändern wird*, Redline 2013.

83   Vgl. auch Francis Fukuyama: *Why transparency can be a dirty word*, in: *Financial Times*, 10. August 2015; Franz Walter: *Lob der Lüge*, in: *Der Spiegel* 9/2008, S. 22.

84   siehe www.theguardian.com/technology/2010/jan/11/facebook-privacy

85   Derek Beales: *Joseph II, In the Shadow of Maria Theresa, 1741–1780.* Cambridge University Press 1987; derselbe: *Joseph II, Against the World*, 1780–1790. Cambridge University Press 2009.

86   *Karl Marx, Sein Leben und sein Jahrhundert.* C.H. Beck 2013.

87   Michel Pastoureau: *Green, The History of a Color.* Princeton University Press 2014.

Bibliografische Information der Deutschen Nationalbibliothek
Die Deutsche Nationalbibliothek verzeichnet diese Publikation in der Deutschen Nationalbibliografie;
detaillierte bibliografische Daten sind im Internet über http://dnb.d-nb.de abrufbar.

1. Auflage

Lektorat: Ulli Steinwender
Grafische Gestaltung und Satz: Burghard List

Gedruckt in der EU

Copyright © 2015 by Christian Brandstätter Verlag, Wien

Bildnachweis Cover: Ingo Pertramer

ISBN 978-3-85033-922-3

Christian Brandstätter Verlag
GmbH & Co KG
A-1080 Wien, Wickenburggasse 26
Telefon (+43-1) 512 15 43-0
Telefax (+43-1) 512 15 43-231
E-Mail: info@brandstaetterverlag.com
www. brandstaetterverlag.com

Designed in Austria, printed in the EU

cover design: kratkys.net